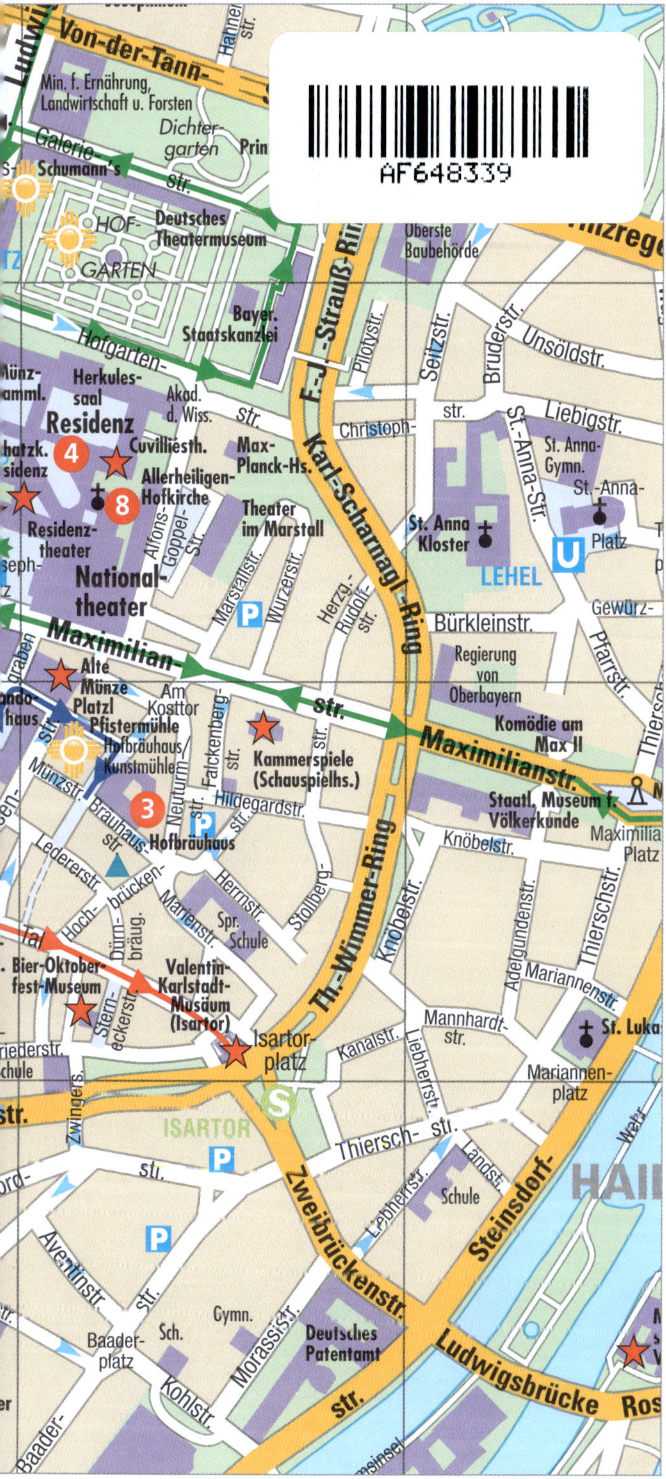
Von-der-Tann-
Hanner str.
Min. f. Ernährung, Landwirtschaft u. Forsten
Dichter-garten
Galerie-str.
Schumann's
HOF-GARTEN
Deutsches Theatermuseum
Oberste Baubehörde
F.-J.-Strauß-Ring
Bayer. Staatskanzlei
Hofgarten-str.
Pilotystr.
Seitzstr.
Bruderstr.
Unsöldstr.
Herkules-saal
Residenz
Akad. d. Wiss.
Christoph-str.
Liebigstr.
St.-Anna-Str.
St. Anna-Gymn.
St.-Anna-Platz
Cuvilliesth.
Max-Planck-Hs.
Karl-Scharnagl-Ring
Allerheiligen-Hofkirche
Theater im Marstall
St. Anna Kloster
Residenz-theater
Alfons-Goppel-Str.
Marstallstr.
Wurzerstr.
Herzog-Rudolf-str.
LEHEL
National-theater
Gewürz-
Bürkleinstr.
Pfarrstr.
Maximilian-str.
Regierung von Oberbayern
Alte Münze
Am Kosttor
Platzl
Pfistermühle
Hofbräuhaus/Kunstmühle
Falckenberg-str.
Kammerspiele (Schauspielhs.)
Komödie am Max II
Maximilianstr.
Staatl. Museum f. Völkerkunde
Münzstr.
Neuturm-str.
Hildegardstr.
Maximilian-Platz
Brauhaus-str.
Hofbräuhaus
Knöbelstr.
Ledererstr.
Hoch-brücken-str.
Herrnstr.
Thierschstr.
Adelgundenstr.
Marienstr.
Spr. Schule
Stollberg-
Th.-Wimmer-Ring
Knöbelstr.
Dürn-bräug.
Bier-Oktober-fest-Museum
Valentin-Karlstadt-Musäum (Isartor)
Mariannenstr.
Mannhardt-str.
St. Luka
Sterneckerstr.
Isartor-platz
Kanalstr.
Liebherrstr.
Mariannen-platz
Zwingerstr.
ISARTOR
Thiersch-str.
Landstr.
Wehr
HAI
Schule
Lehrerstr.
Steinsdorf-
Zweibrückenstr.
Aventinstr.
Gymn.
Sch.
Baader-platz
Morassistr.
Deutsches Patentamt
Ludwigsbrücke
Kohlstr.
Baader-
str.

MÜNCHEN

DIE AUTORIN

Marlis Kappelhoff
Nach dem Studium der Publizistik und der Ausbildung zur Fotojournalistin folgten längere Auslandsaufenthalte und die Tätigkeit als Redakteurin bei einer Lokalzeitung im Rheinland. Danach kehrte Marlis Kappelhoff in ihre Wahlheimat München zurück, wo sie zuerst im Pressereferat des Goethe-Instituts arbeitete, bevor sie als Lektorin in einem Reisebuchverlag anfing. Heute arbeitet sie als freie Autorin. Fotos und Beiträge ihrer Reisen kreuz und quer durch Europa wurden in diversen Publikationen veröffentlicht.

www.vistapoint.de

Inhalt

Chronik

Service von A bis Z

Zeichenerklärung

Top 10
Das müssen Sie gesehen haben

Mein München
Lieblingsplätze der Autorin

Vista Point
Museen, Galerien, Architektur und andere Sehenswürdigkeiten

Kartensymbol: Verweist auf das entsprechende Planquadrat der Karte bzw. der Detailpläne im Buch.

Willkommen in München

Vor Jahren stand folgende Anzeige in einer Münchner Tageszeitung: »Gesucht werden aktive Bergwanderer mit Klettererfahrung. Mitzubringen sind entsprechende Ausrüstungsgegenstände plus Eimer und Schrubber zwecks Reinigung des Zeltdachs des Olympiastadions.« Prompt fanden sich zum angegebenen Zeitpunkt um die 50 Freiwillige ein. Veröffentlicht wurde der Aufruf nur leider an einem 1. April, und so wurde es nichts mit der dringend notwendigen Generalreinigung einer der großen Sehenswürdigkeiten der Stadt. Die Quintessenz: Wenn es um seine Stadt geht, ist der Münchner zur Stelle!

Und dabei wird ihm doch nachgesagt, er sei grantig, sprich unfreundlich, arrogant, laut und pflege einen übertriebenen Lokalpatriotismus. Stimmt und stimmt natürlich auch wieder nicht, wie alle Verallgemeinerungen. Eins aber hat sich der Münchner, egal ob Zuagroasta oder echtes Münchner Kindl, auch in Zeiten der Globalisierung bewahrt: seine unbeirrbare Lebensfreude.

Er ist sich seines kulturellen Erbes bewusst und zugleich stolz auf die Spitzenleistungen in Wissenschaft und Wirtschaft, die diese Stadt mit ihrer Elite-Uni zu einer der europäischen Hightech-Metropolen Europas werden ließen.

Auch wenn die Hauptsehenswürdigkeiten der Altstadt bis auf wenige Ausnahmen detailgetreue Rekonstruktionen der während des Zweiten Weltkriegs zerbombten Originale sind, tragen sie zu einem nicht unwesentlichen Teil zur Identifikation der Bewohner mit ihrer Heimatstadt bei. Das geht so weit, dass man sich bis heute erfolgreich gegen jede Form zeitgenössischer Hochhausarchitektur im Innenstadtbereich zur Wehr gesetzt hat.

Man lebt, arbeitet und ächzt hier genauso wie anderswo unter den Anforderungen einer sich ständig wandelnden Welt, aber, und das ist das Besondere, man versteht es zu leben. Hier hockt man noch an schönen Sommerabenden stundenlang mit der Familie und Freunden im Biergarten. Wie zu Hause wird der Tisch unter Kastanien gedeckt und darauf gestellt, was der Kühlschrank hergibt. Nur die Maß Bier muss noch besorgt werden!

Der Wittelsbacher Brunnen zwischen Maximilians- und Lenbachplatz

Top 10: Das müssen Sie gesehen haben

1 Frauenkirche
S. 11 f., 38 f. ➡ L8

Die Doppelturmfassade mit den Welschen Hauben dürfte das meistfotografierte Motiv der Innenstadt sein. Optimal lässt sich das Wahrzeichen vom Aussichtsbalkon der Kirche St. Peter auf den Kamera-Chip bannen.

2 Asamkirche
S. 14, 37 f. ➡ L7

Die Brüder Egid Quirin und Cosmas Damian Asam schufen mit dieser einzigartigen Rokoko-Raumschöpfung ein Sinnbild ekstatischer Frömmigkeit.

3 Hofbräuhaus
S. 15, 61 ➡ L9

Oktoberfest und Hofbräuhaus sind nicht nur für die Gäste aus Übersee die Hauptattraktion der bayerischen Landeshauptstadt. Auf jeden Fall mal einen Blick hineinwerfen.

4 Residenz
S. 16 f., 47 ff. ➡ K8/9

An ihrem Stadtschloss bauten die Wittelsbacher über Generationen. Der bayerische Ministerpräsident empfängt heute seine Staatsgäste im riesigen, prunkvollen Antiquarium, das zur Zeit der Renaissance entstand.

5 Pinakotheken (Kunstareal Alte, Neue und Pinakothek der Moderne)
S. 24, 35 f. ➡ H7/8

Die Sammlungen der drei Pinakotheken gehören weltweit zu den Top-Adressen in Sachen Kunstgenuss.

6 Schloss Nymphenburg
S. 29, 50 f. ➡ bB/bC3/4

Für die Besichtigung der ehemaligen königlichen Sommerresidenz (Führung) mit ihrem Park und den darin verstreut liegenden Pavillons sollte man mindestens einen halben Tag einplanen.

7 Deutsches Museum
S. 31, 74 f. ➡ N9

Das weltweit größte naturwissenschaftlich-technische Museum liegt auf einer Insel in der Isar und ist nicht nur für Technik-Freaks von Interesse.

8 Allerheiligen-Hofkirche
S. 37, 48 ➡ K9

Die erhabene Raumwirkung dieses im Zweiten Weltkrieg völlig zerstörten Sakralraums ist nach seinem schlichten Wiederaufbau beeindruckend. Zu erleben ist er nur im Rahmen einer kulturellen Veranstaltung.

9 Englischer Garten
S. 44 f. ➡ E–J10/11

Frühling, Sommer, Herbst oder Winter: Keine Jahreszeit und kein

Wetter können einen versäumten ausgedehnten Spaziergang entschuldigen.

10 Olympiapark
S. 47 ➡ A/B3/4

Das Areal mit seinen noch immer hinreißenden, schwebenden Zeltdach-Konstruktionen über den einzelnen Sportstätten der XX. Olympischen Spiele im Jahr 1972 gehört zu den überragenden Architekturentwürfen nicht nur seiner Zeit.

Mein München
Lieblingsplätze der Autorin

Liebe Leserinnen und Leser,

dies sind einige wenige besondere Punkte dieser Stadt, an die ich immer wieder gern zurückkehre. Eine spannende Zeit in München wünscht Ihnen

Marlis Kappelhoff

Hofgarten
S. 19 f. ➡ J/K9

Genau der richtige Ort, um nach einem ausgedehnten Stadtspaziergang den müden Füßen eine Pause zu gönnen. Der Blick auf Kuppel und Türme der Theatinerkirche hat was!

BMW Welt
S. 42 f. ➡ A5

Das spektakuläre Highlight zeitgenössischer Architektur lässt sich locker mit einem Spaziergang über das Olympiagelände verbinden.

Amalienburg
S. 51 ➡ bC3

Das zartrosa Rokoko-Schlösschen ist eine einzigartige Schöpfung des großartigen Baumeisters François de Cuvilliés. Unbedingt durch die Innenräume bummeln!

Pfistermühle
S. 56 ➡ L9

In Münchens ältestem Mühlengebäude wird mit regionalen Zutaten auf hohem Niveau gekocht. Die Gäste speisen in einem Gewölbe aus dem 16. Jahrhundert oder draußen mit Blick auf die Altstadtgassen. Im Herzen der Stadt.

Schumann's
S. 65 ➡ J8

Schumann's Cocktailbibel darf in keiner Bar, die etwas auf sich hält, fehlen – hier, beim Original am Odeonsplatz, schmecken die hochprozentigen Mixturen aber besonders gut. Eine Institution im Münchner Nachtleben.

Im Schatten der Welschen Hauben

Vormittag
Karlsplatz/Stachus – Neuhauser-/Kaufingerstraße – Bürgersaal – Michaelskirche – Deutsches Jagd- und Fischereimuseum – Frauenkirche – Marienplatz – Tal (Heiliggeistkirche) – Isartor – Alter Peter – Viktualienmarkt (im Kartenausschnitt rot eingezeichnet).

Nachmittag
Schrannenhalle – St.-Jakobs-Platz – Sendlinger Straße – Asamkirche – Alter Hof – Alte Münze – Platzl mit Hofbräuhaus (im Kartenausschnitt blau eingezeichnet).

Die vielen Steinhocker rund um die sprudelnde Brunnenanlage auf dem **Karlsplatz/Stachus** ➡ K6 gehören an warmen Tagen zu den begehrtesten kostenlosen Sitzplätzen des beliebten Treffpunkts. Vor dem Start zum Stadtbummel sollte man für Momente den vielsprachigen Trubel der halbrunden Platzanlage mit dem Doppelnamen genießen. Es war der ungeliebte Kurfürst Karl Theodor, der Ende des 18. Jahrhunderts den Abriss der äußeren Stadtbefestigung befahl und diesem Platz seinen Namen gab. Die zweite, gängige Bezeichnung »Stachus«, die die Münchner bevorzugen, geht auf den Gastwirt Eustachius Föderl zurück, der hier im 18. Jahrhundert ein Ausflugslokal betrieb.

Durch das schmale **Karlstor** – es war Teil jenes zweiten Befestigungsrings, den Ludwig der Bayer um die zu klein gewordene Stadt Heinrichs des Löwen ziehen ließ – betritt man die **Neuhauser Straße**, die naht-

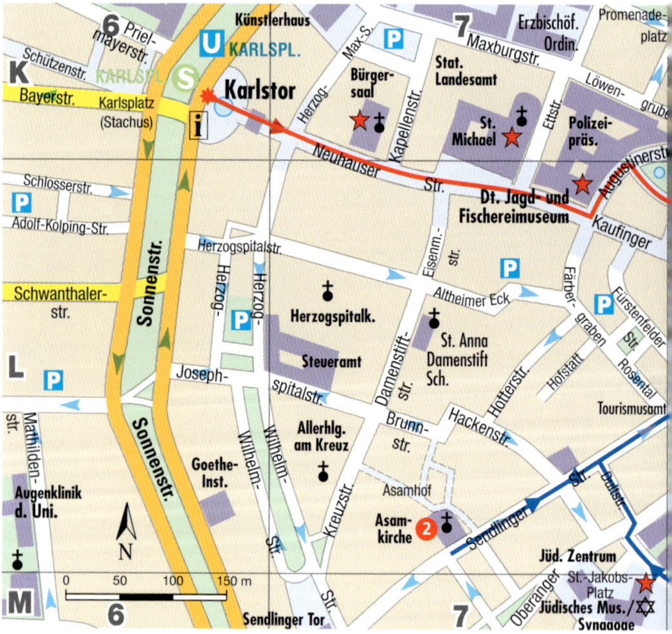

Der Karlsplatz wird im Münchner Volksmund vorwiegend Stachus genannt

los in die **Kaufingerstraße** übergeht. Häufig wird diese Einkaufsmeile zwischen Karlstor und Marienplatz mit einer Mischung aus blankem Kommerz und ihrer vereinzelt nach dem Krieg rekonstruierten histo-

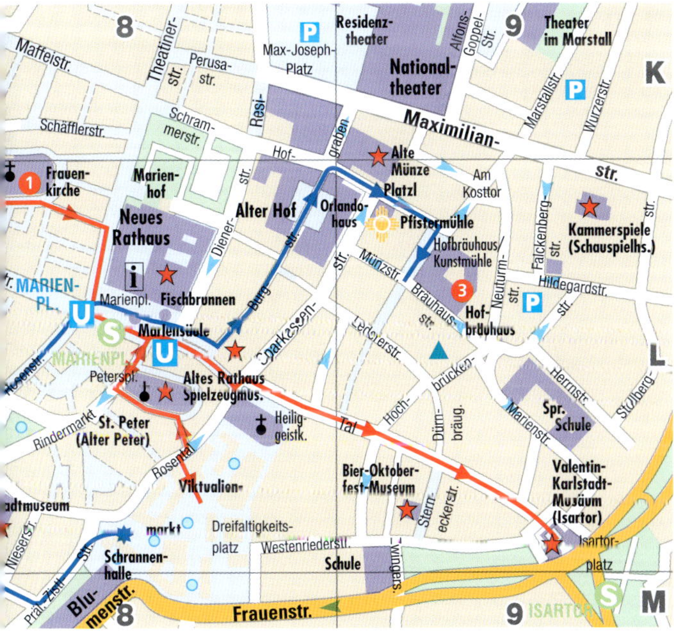

Gleich hinter dem Karlstor: das »Brunnenbuberl«

rischen Bausubstanz neben größtenteils einfallsloser 50er-Jahre-Architektur auch als »Münchens gute Stube« bezeichnet.

Der Volksmund nennt ihn **Brunnenbuberl**, den kleinen Brunnen gleich hinter dem Karlstor. Für seinen »Satyr und Knabe«, so der Originaltitel, erhielt sein Schöpfer Mathias Gasteiger zwar damals in Paris auf der Weltausstellung die Goldmedaille, bekam aber zu Hause mit seinem Werk jede Menge Ärger. Die prüden Münchner waren schockiert ob der schamlosen Blöße des Knaben und verordneten ihm das übliche Feigenblatt. Doch der Bildhauer konnte sich erfolgreich diesem Wunsch widersetzen.

Das Münchner Traditionskaufhaus **Oberpollinger** wurde einer tief greifenden Verjüngungskur unterzogen und hält den Vergleich mit Edeladressen in anderen europäischen Großstädten problemlos aus. In den lichten, großzügig gestalteten Etagen kann Einkaufen durchaus zu einem kostspieligen Genuss werden. Außergewöhnlich ist der Fassadenschmuck: Zwei der drei Giebel werden von alten Handelsschiffen (Koggen) bekrönt, auf dem dritten eilt der schlanke Gott Merkur seinem Ziel entgegen. Zu empfehlen ist in der warmen Jahreszeit der Besuch der großzügigen Dachterrasse auf dem Anbau an der Rückfront.

Von hier oben geht der Blick hinüber zum mächtigen **Justizpalast** ➡ K6 (gegenüber vom Stachus). Der schlossähnliche Komplex wurde nach Plänen von Friedrich von Thiersch zwischen 1891 und 1898 erbaut. Er gilt als einer der großartigsten Repräsentationsbauten der Gründerzeit. Es lohnt sich, wenigstens einen Blick in das pompöse Vestibül mit seinen hochherrschaftlichen Treppenaufgängen zu werfen.

Zu den erstaunlichsten Bauwerken der eher gesichtslosen Einkaufsmeile Neuhauser-/Kaufingerstraße mit ihren landesweit bekannten Läden preiswerter Mode zählt der **Bürgersaal** ➡ K7. Hinter der zweigeschossigen, barocken, in Rosa gehaltenen Fassade verbergen sich zwei sehr unterschiedliche sakrale Räume. Ebenerdig betritt man die niedrige Unterkirche mit dem Grab des 1987 selig gesprochenen Jesuitenpaters Rupert Mayer. Schon am 9. Juni 1931 erteilten die Nationalsozialisten dem wortgewaltigen und überaus beliebten Geistlichen Redeverbot. Da er sich auch in der Folgezeit hartnäckig weigerte, das Beichtgeheimnis preiszugeben, brachte man den Kleriker 1939 ins Konzentrationslager Oranienburg. Als Todkranker entlassen, starb er kurz darauf 1945 im oberbayerischen Kloster Ettal. Abrupter Szenenwechsel: Eine Etage höher empfängt den Besucher in der Oberkirche die traumhafte, jubelnde, lichte Welt des Barock, eher Ball- denn Betsaal.

Als »Triumphkirche der Gegenreformation« pries Herzog Wilhelm V., genannt der Fromme, die im Juli 1597 feierlich geweihte **St. Michael** ➡ K7. In der ersten Renaissancekirche nördlich der Alpen mit ihren sich anschließenden Kolleggebäuden (heute Alte Akademie) zogen die für ihren analytischen Intellekt bekannten Jesuiten ein. Es liegt also auf der Hand, dass dieser dem Erzengel Michael geweihte Sakralbau bis heute als machtvolle Antwort auf die Bedrohung durch die Reformation interpretiert wird. Als sichtbares Zeichen seines ungebrochenen Selbstverständnisses ließ sich der Erbauer mit weiteren Repräsentanten des Hauses Wittelsbach an der dreistöckigen, imposanten Giebelfassade oberhalb des Erzengels Michael darstellen. Als technische Glanzleistung jener Zeit muss das über 20 Meter weit gespannte Tonnengewölbe des Kirchenraums gesehen werden.

Und wenige Meter weiter schon wieder eine Kirche! Nur ganz anders: In die drei Geschosse der ehemaligen Augustinerkirche St. Johann ist 1966 das **Deutsche Jagd- und Fischereimuseum** ➡ L7 eingezogen. Auch wenn man sich nicht unbedingt für derartige Exponate begeistern kann, besitzt ihre Präsentation an diesem Ort einen ganz besonderen Reiz. Wo sonst lassen sich jede Menge kapitaler Jagdtrophäen unter einem mit dezentem Stuck verzierten Kirchengewölbe betrachten?

Am Übergang von der Neuhauser zur Neuhauser-/Kaufingerstraße lässt sich anhand der leichten Krümmung der nach links abzweigenden Augustinerstraße der Verlauf der ersten Stadtmauer Heinrichs des Löwen erkennen.

Einen kurzen Stopp sollte man beim Herrenbekleidungsgeschäft »Hirmer« (Kaufingerstr. 28) einlegen. Zwischen den Schaufenstern weist eine Bronzetafel den aufmerksamen Spaziergänger darauf hin, dass im Straßenpflaster der Grundriss des dort abgebildeten »Schönen Turms« zu sehen ist. 1157 im Zuge der ersten Stadtmauer errichtet, fiel das marode Bollwerk dann 1457 der Spitzhacke zum Opfer. Der dringend erforderliche Neubau war nachweislich weitaus prächtiger. Man bemalte ihn mit farbenfrohen Fresken, die ihm in der Folgezeit zu seinen Beinamen verhalfen. Im Rahmen einer weiteren Stadterweiterung musste auch dieses Schmuckstück 1807 abgerissen werden.

Wer der Biegung der Augustinerstraße nur wenige Schritte folgt, steht unvermittelt vor der mächtigen Doppelturmfassade der 1 **Frauenkirche** ➡ L8 mit ihren patinagrünen Welschen Hauben. Angeblich soll der Teufel beim Bau des dreischiffigen Backsteinbaus seine Hand im Spiel gehabt haben. Die Legende weiß zu berichten, dass der Baumeister Jörg Ganghofer, an der zügigen Fertigstellung des Auftrags interessiert, mit Luzifer einen Deal einging, der Folgendes beinhaltete: Der Baumeister verpflichtet sich dem Herren der Unterwelt gegenüber, die Kirche ohne sichtbare Fensteröffnungen hochzuziehen. Getrie-

Blick von St. Peter auf Frauenkirche und Neues Rathaus am Marienplatz

ben von der festen Überzeugung, dass niemand in ein stockfinsteres Gotteshaus zum Beten käme, schuftete der Teufel wie ein Besessener, musste dann aber zu seinem Entsetzen feststellen, dass seine Rechnung nicht aufgegangen war.

Außer sich vor Wut raste er zu Ganghofer und forderte dessen Seele. Völlig gelassen begleitete dieser den Rasenden in den Vorraum des Doms, denn weiter kam der Herrscher der Unterwelt nicht, weil die Kirche schon geweiht war. Ganghofer bewies dem Teufel, dass vom Eingangsbereich aus kein einziges Fenster zu sehen war. Völlig entnervt stampfte der Teufel so kraftvoll auf, dass noch heute sein Fußabdruck im Vorraum zu sehen ist.

Erklärend muss hinzugefügt werden, dass die architektonische Situation heute nicht mehr dem geschilderten Täuschungsmanöver entspricht, da von dieser Stelle aus jetzt das Chorfenster zu sehen ist, das vor der Zerstörung des Doms im Zweiten Weltkrieg vom Hochaltar verdeckt wurde.

Die Monumentalität des eher karg möblierten Innenraums ist beeindruckend. Elf schlanke, achteckige Pfeilerpaare tragen das Sterngewölbe. Gerettet wurde das prunkvolle Grabmal – ein Kenotaph, das heißt ein leeres Scheingrab – für Kaiser Ludwig den Bayern, das ursprünglich an prominenter Stelle vor dem Hochaltar stand und jetzt in eine Ecke des südlichen Seitenschiffs verbannt wurde.

An einem der nicht so seltenen lichten Föhntage sollte man sich auf keinen Fall die Fahrt hinauf auf den Südturm des Doms entgehen lassen. Die Aussicht vom höchsten Bauwerk der Innenstadt auf die Alpenkette ist schlicht umwerfend.

Seit der Stadtgründung 1158 ist der **Marienplatz** ➡ L8 die urbane Mitte der Landeshauptstadt. Der Schrannenplatz, so seine Bezeichnung bis 1854, war Kreuzungspunkt wichtiger Handelsstraßen. Je nach den wechselnden Bedürfnissen der mittelalterlichen Stadt wurde er kurzfristig vom Markt- zum Richt- oder Turnierplatz, aber auch zu einem Open-Air-Tanzsaal bei einer Fürstenhochzeit umfunktioniert.

Heute wird der Platz von einem wirren Gemisch hässlicher Kaufhausfronten der Nachkriegszeit und den Rekonstruktionen historischer Gebäude wie dem Neuen und Alten Rathaus eingefasst. Welche Stadt hat schon zwei Rathäuser, die sich auch noch gegenüberstehen?

Mariensäule – Mittelpunkt des Marienplatzes

Mittelpunkt des Platzes ist die **Mariensäule**. 1638 stiftete sie Kurfürst Maximilian I. zum Dank dafür, dass die Stadt während des Dreißigjährigen Kriegs nicht von den Schweden besetzt worden war. Auf dem elf Meter hohen Monolith aus Untersberger Marmor schwebt ganz in Gold jung und grazil auf der Mondsichel die »Patrona Bavariae«. Es handelt sich um eine Arbeit von Hubert Gerhard, der sie um 1590 angefertigt haben soll. Ihr zu Füßen kämpfen vier Putti gegen Hunger, Krieg, Pest und Ketzerei.

Noch als Kronprinz ließ Ludwig I. 24 alte Bürgerhäuser für den Bau des **Neuen Rathauses** ➡ L8 im flandrischen Stil abreißen. Standbilder aller Herrscher aus dem Haus der Welfen und Wittelsbacher schmücken die fast 100 Meter lange Schaufront. Es handelt sich um den größten Herrscherzyklus an einem deutschen Rathaus.

Die Heiliggeistkirche gehört zu den ältesten erhaltenen Kirchenbauten Münchens

Die Attraktion und täglicher Touristenmagnet ist das Glockenspiel im Rathausturm: Von 1,40 Meter großen Figuren werden Szenen der Hochzeitsfeierlichkeiten Wilhelms V. mit Renata von Lothringen im Jahr 1568 dargestellt, unter anderem das Ritterturnier, das zu diesem Anlass auf eben diesem Platz stattgefunden haben soll. Als Zugabe gibt es noch den Schäfflertanz, der die Erinnerung an das Pestjahr 1517 wachhält.

Im **Fischbrunnen** an der Ecke zur Einmündung der Dienerstraße auf den Marienplatz wäscht der Bürgermeister seit 1426 alljährlich unter großer Publikumsbeteiligung am Aschermittwoch im eiskalten Wasser die Geldbörse der Stadt aus, damit sie für den Rest des Jahres laut Aberglaube gut gefüllt bleibt.

Das **Alte Rathaus**, noch aus der Zeit der Gotik, schließt den Platz nach Osten hin ab. In seinem Turm ist heute das **Spielzeugmuseum** untergebracht. Den ehemaligen Ratssaal nutzt die Stadt als festlichen Rahmen bei besonderen Anlässen. An der Rückseite des Alten Rathauses blickt der Stadtgründer, Heinrich der Löwe, auf das Tal – einst zogen über diese Straße die schweren Salzfuhrwerke durch das Torhaus nach München ein.

Weiter Richtung Isar endet diese bis jetzt mit wenig Grün bestückte Einkaufsstraße am **Isartor**, einem der noch erhaltenen Bollwerke des zweiten Befestigungsrings. Seit einiger Zeit will man diese Gegend attraktiver machen, auf das Ergebnis darf man gespannt sein. In einem der Türme lockt das witzige **Valentin-Karlstadt-Musäum** ➡ L8 mit seinem skurrilen, kleinen Café direkt unter der Spitze zu einer Pause.

Auf dem Weg zurück zum Marienplatz darf man an der **Heiliggeistkirche** schräg gegenüber der Rückfront des Alten Rathauses (Ecke Tal/Rosental) nicht vorübergehen, ohne wenigstens einen Blick in den lichten Innenraum zu werfen, dem die Brüder Asam ihre unvergleichliche Handschrift in Form einer üppigen Rokokoausstattung verpassten.

Vom Marienplatz sind es nur wenige Schritte bis zur dreischiffigen Pfeilerbasilika **St. Peter** ➡ L8. Anhand von Grabungen konnte der eindeutige Beweis erbracht werden, dass dieser Sakralbau älter als die Stadt Heinrichs des Löwen ist.

Maibaum auf dem Viktualienmarkt

Ein Fitnessprogramm der besonderen Art bietet der steile hölzerne Treppenweg um die mächtigen Glocken herum hinauf zum luftigen, schmalen Aussichtsbalkon. Oben angekommen wird man auch hier mit einem grandiosen Blick auf das Dächergewirr des Altstadtkerns mit dem Viktualienmarkt belohnt.

Der Bummel über den **Viktualienmarkt** ➡ L8 versetzt gleichermaßen Augen und Nase in einen Rauschzustand. Schon morgens türmen in aller Früh die »Standerlfrauen« ihre hochpreisige, knackfrische Ware zu optisch reizvollen Gebirgen auf. Der Einkauf, egal ob engagierter Hobbykoch, qualitätsbewusste Hausfrau oder Profi, artet hier immer zu einer Zeremonie aus. Es soll Genussmenschen geben, die trotz der speziellen Preise keinen Samstag verstreichen lassen, ohne sich hier fachkundigen Rat für das abendliche Menü nach einer zünftigen Brotzeit geholt zu haben.

Derart gut erholt beginnt die Fortsetzung des Spaziergangs in Richtung **Schranne** ➡ L/M8 an der Blumenstraße. Der Entschluss, den Kornmarkt vom Marienplatz vor dem alten Rathaus in unmittelbare Nähe des Viktualienmarkts zu verlegen, stammt von König Maximilian II. Den Zuschlag erhielt der Ingenieur Karl Muffart für den Entwurf einer 430 Meter langen, von gusseisernen Säulen getragenen lichten Halle mit zwei Kopfbauten. Eröffnet wurde die Markthalle 1853 nach nur zwei Jahren Bauzeit, 1914 jedoch wegen einer verkehrsgünstiger gelegenen Großmarkthalle im Süden der Stadt wieder zur Hälfte abmontiert. An diese eingelagerten Reste erinnerte man sich im Rahmen des Wiederaufbaus nach dem Zweiten Weltkrieg – 2005 wurde die Einweihung der »neuen/alten« Schranne gefeiert. Zunächst ging das Konzept der Betreiber nicht auf, bis im November 2015 der italienische Genusstempel Eataly mit einer Mischung aus Feinkostkaufhaus, Gastronomie und Kochschule einzog. Es ist der erste europäische Standort der sehenswerten Gourmetstätte außerhalb Italiens. Auf dem **St.-Jakobs-Platz** ➡ M7 wurde am 9. November 2006 das **Jüdische Zentrum** mit seiner wuchtigen **Hauptsynagoge**, dem **Jüdischen Museum** sowie einem Gemeindehaus mit Rabbinat, Verwaltung, Versammlungsräumen, aber auch Kindergarten, Ganztagsschule, Jugend- und Kulturzentrum sowie einem Restaurant feierlich eröffnet.

Überwältigt Besucher mit Pracht und Formenreichtum: der zweistöckige Hochaltar der Asamkirche St. Johann Nepomuk

Die nahe verkehrsberuhigte **Sendlinger Straße** ➡ L7 verführt mit ihren zahlreichen Geschäften zu einem Einkaufsbummel. Ihre kulturhistorische Sehenswürdigkeit von Weltrang ist St. Johann Nepomuk, genannt 2 **Asamkirche**. Mit dem Bau der Privatkirche erfüllten sich die Starkünstler des Rokoko, die Brüder Egid Quirin und Cosmas Damian Asam, ihren Lebenstraum.

Vergleichbar einem übersinnlichen Rausch kann man vielleicht am ehesten das Gefühl beschreiben, das einen beim Betreten dieses »Theatrum sacrum« erfasst. Jegliche Erdhaftung scheint diesem grandiosen Raum abhanden gekommen zu sein. Geblendet von der Pracht und dem Formenreichtum wird sich bestimmt niemand der Mystik dieser einzigartigen Raumschöpfung entziehen können.

Der Alte Hof, Innenhof der ersten Residenz der Wittelsbacher

Richtung Marienplatz führt der Weg jetzt automatisch an der **Hofstatt** ➡ L7 (Sendlinger Str. 10) vorbei. Münchens jüngste Einkaufspassagen entstanden auf dem 15 500 Quadratmeter großen Areal hinter den unter Denkmalschutz stehenden ehemaligen Verlagsgebäuden der Süddeutschen Zeitung und der Abendzeitung. Zusätzlich zu den zahlreichen Geschäften entstanden auf dem prominenten Areal großzügige Räumlichkeiten für Wohnungen, Praxen und Kanzleien im gehobenen Preissegment.

Dieser Spaziergang kreuzt jetzt noch einmal den Marienplatz und verläuft dann durch die uralte Burgstraße direkt hinter dem Kaufhaus Beck Richtung **Alter Hof** ➡ L8. Bei dem etwas stilleren, mit Kopfsteinen gepflasterten Geviert handelt es sich um den Innenhof der ersten Residenz der Wittelsbacher an der ursprünglich äußersten Nordostecke der Stadt. Weil sich damals, Mitte des 13. Jahrhunderts, das Herrschergeschlecht noch nicht der unbedingten Zuneigung seiner Untertanen sicher sein konnte, wählte man mit Bedacht diesen Winkel, der die sichere Flucht durch den Hinterausgang aufs platte Land garantierte.

Und genau durch dieses rückwärtige Tor verläuft jetzt der Weg weiter an der **Alten Münze** ➡ K/L9 (Hofgraben 4) vorbei. Der kunstsinnige Herzog Albrecht V. ließ das heutige Amt für Denkmalpflege im 16. Jahrhundert als Marstall mit integrierter persönlicher Kunstkammer errichten. Der architektonisch bedeutendste Teil ist der durch das große Tor zugängliche berühmte Renaissance-Arkadenhof.

Zum Pflichtprogramm eines jeden München-Besuchers gehört das 3 **Hofbräuhaus** ➡ L9. Im »berühmtesten Wirtshaus der Welt« herrscht immer drangvolle Enge bei entsprechendem Lärmpegel. Zu den Klängen »In München steht ein Hofbräuhaus, oans, zwoa, gsuffa« findet bei Bier, Brezen und Weißwurst die tägliche internationale Verbrüderung statt.

Die königlich-bayerische Residenzstadt

Vormittag
Max-Joseph-Platz – Residenz – Maximilianstraße – Maximilianeum – Residenz- und Theatinerstraße – Odeonsplatz mit Feldherrnhalle und Theatinerkirche – Hofgarten – Ludwigstraße – Universität – Siegestor.

Nachmittag
Odeonsplatz – Wittelsbacherplatz – Karolinenplatz – Königsplatz (auf der ausfaltbaren Karte grün eingezeichnet).

Der **Max-Joseph-Platz** ➡ K8/9 prunkt mit Repräsentationsbauten wie dem zweiten innerstädtischen Stadtschloss der Wittelsbacher, der Residenz und den benachbarten Häusern von Residenz- und Nationaltheater. Die Platzanlage erhält nicht zuletzt dadurch ihre Raumwirkung, dass die sie umgebenden Gebäudekomplexe kein homogenes, in sich geschlossenes Ensemble bilden.

Im Mittelpunkt der Platzanlage sitzt Max I. Joseph gemütlich auf seinem gusseisernen Thronsessel. Im Gegensatz zu den gängigen Herrscherporträts, die den Dargestellten als führungsstarke Persönlichkeit zeigen, grüßt dieser zu seinen Lebzeiten allseits beliebte Monarch lässig seine Untertanen. Auftraggeber dieser ersten Kolossalstatue ihrer Zeit war sein Sohn Ludwig I. Drei der bedeutendsten Künstler jener Epoche beauftragte der Monarch mit der Ausführung des Denkmals: Leo von Klenze lieferte den Entwurf, Christian Rauch baute das Modell und der noch junge Johann Stiglmaier bekam den Zuschlag für den Guss.

Das klassizistische **Nationaltheater**, Spielstätte der Bayerischen Staatsoper, ist das auffälligste Gebäude des Platzes. Besonders schön ist der Eindruck im Hochsommer an einem dieser späten, leuchtenden Nachmittage bzw. frühen Abende, wenn die untergehende Sonne die beiden Doppelgiebel in goldenes Licht taucht und zahlreiche Menschen auf der tagsüber prima aufgewärmten Steinbank entlang der Residenz sitzen und einfach nur die spezielle Atmosphäre genießen.

Ein echter Prunkbau: das Maximilianeum

Die lang gestreckte Südfassade der 4 **Residenz** ➡ K9 ist eindeutig dem Palazzo Pitti in Florenz nachempfunden und geht auf den Italienfan Ludwig I. zurück. Direkt gegenüber steht das einstige **Palais Törring-Jettenbach** aus der Mitte des 18. Jahrhunderts, erbaut nach Plänen der Brüder Johann Baptist und Ignaz Anton Gunetzrhainer, das Ludwig I. von Klenze zum Hauptpostamt mit der im pompejanischen Rot gehaltenen Loggia umgestalten ließ.

Nach dem Verkauf des Gebäudes an Privatinvestoren wurde bis auf die denkmalgeschützten Fassaden der gesamte Innenausbau entkernt. An dieser prominenten Stelle in der Innenstadt entstand ein Gebäudekomplex mit den in München schon üblichen Edelgeschäften, Luxuswohnungen und Büros sowie einem Restaurant.

Das Nationaltheater am Max-Josef-Platz

Zwischen dem Nationaltheater und der Residenz liegt etwas zurückversetzt das **Residenztheater** ➡ K9. Das »Resi«, wie die Münchner das Staatsschauspiel kurz nennen, ist eine Schöpfung der Nachkriegszeit. Ursprünglich stand an dieser Stelle das allein dem Hof zugängliche **Cuvilliés-Theater**. Im Rahmen des Wiederaufbaus der Residenz nach dem Zweiten Weltkrieg wurde es in den Schloss-Komplex integriert. 2010 nach drei Jahren Renovierung wieder eröffnet, ist das Rokokotheater nicht nur der älteste Musentempel der Stadt, sondern auch einer jener einzigartigen und geschützten Architekturschätze der Welt.

Als reizvollen Kontrast zu den Repräsentationsbauten an drei Seiten wird der Max-Joseph-Platz zur Residenzstraße hin von einer Zeile rekonstruierter, aufgehübschter Bürgerhäuser eingefasst. Im Erdgeschoss »residieren« heute Edelboutiquen. Auch in den sich anschließenden durchgestylten Innenhöfen lässt sich nur mit viel Fantasie mittelalterliches Treiben erahnen.

Nachdem König Max II. zu Beginn seiner Regentschaft zahlreiche unfertige Bauprojekte und einen Haufen Schulden seines nicht freiwillig aus dem Amt geschiedenen Vaters Ludwig I. zu bewältigen hatte, ist die nach ihm benannte **Maximilianstraße** ➡ K8–L10 sein ureigenstes Projekt. Kunsthistoriker vermuten sogar, dass er mit ihrem Bau bewusst in Konkurrenz zu seinem Vorgänger trat: Die Ludwigstraße sollte an Pracht übertroffen werden. Mögen sich die Fachleute über den kunsthistorischen Stellenwert dieses von Friedrich Bürklein zwischen 1856 und 1884 im sogenannten Maximilianstil angelegten Straßenzugs streiten, zweifelsfrei ist er heute mit seinen Niederlassungen international bekannter Mode- und Schmucklabel die Edelmeile der Stadt schlechthin.

Zwischen all den Luxusgeschäften und dem Nobelhotel »Vier Jahreszeiten Kempinski« liegen gegenüber ziemlich unauffällig die **Kammerspiele** ➡ L9, das einzige noch im Original erhaltene Jugendstiltheater Deutschlands.

Weit über den Altstadtring hinaus, vorbei an den Gebäuden der Regierung von Oberbayern und dem **Staatlichen Museum für Völkerkunde** ➡ L10, zieht sich der Boulevard bis zum **Max-II-Platz** mit dem pompösen Denkmal des Erbauers der Prachtstraße und findet seinen krönenden Abschluss im **Maximilianeum** ➡ L11 am Hochufer der Isar.

Nach dem Vorbild des Konstantinsbogens in Rom konzipiert: das Siegestor

In diesem schlossähnlichen Bau hält der bayerische Landtag seine Sitzungen ab. Außerdem ist dort das Elitegymnasium für Hochbegabte aus ganz Bayern untergebracht.

Wer keine Lust hat, die Maximilianstraße wieder zurückzulaufen, kann die Tram bis zum Max-Joseph-Platz nehmen.

Die **Residenzstraße** und die parallel verlaufende **Theatinerstraße** ➡ K/L8 mit ihrem schicken Shoppingcenter **Fünf Höfe** stehen für Eleganz und Lifestyle. Auf der Residenzstraße passiert man die beiden Hauptportale der Residenz mit ihren Löwen. Im Vorbeigehen berühren viele Münchner die blanken Schnauzen der Tiere am unteren Rand der Schilde, die jene in Bronze gegossenen bayerischen Wappentiere in ihren Pranken halten. Der Abergläubische hofft auf die Erfüllung seines fast tonlos gemurmelten Wunsches.

Es ist Ludwig I., der München in eine Kunststadt von europäischem Rang verwandelt, woraufhin ihr das Etikett »Isar-Athen« verpasst wird. Der Monarch handelt getreu seinem Motto: »Ich werde aus München eine Stadt machen, die jeder kennen muss, der Deutschland kennen will.« Schon als Kronprinz nimmt er regelmäßig an den Sitzungen zur fälligen Stadterweiterung teil und ringt seinem Vater Max I. Joseph die Einwilligung für den Bau der nach ihm benannten **Ludwigstraße** bis hin zum Dorf Schwabing ab. Bedingt durch die klamme Staatskasse muss er das Projekt vorerst sowieso aus seiner Privatschatulle finanzieren.

Die Feldherrnhalle

Am 5. Mai 1817 wird dem aus Niedersachsen stammenden Leo von Klenze aufgrund eines königlichen Erlasses der Auftrag zugesprochen. Kaum ist Ludwig I. zum König proklamiert, muss unverzüglich der bayerische Staat und somit der Steuerzahler für die Baukosten aufkommen. Mit der Errichtung des Kriegsministeriums leistet Klenze 1827 dann seinen letzten Beitrag zu dieser Prachtstraße.

Sein Nachfolger, Friedrich von Gärtner, übernimmt ab der Höhe Theresienstraße die weitere Gestaltung des Straßenzugs in Richtung Norden. Nach seinen Entwürfen werden die **Bayerische Staatsbibliothek** ➡ H9, die **Ludwigskirche** und die **Ludwig-Maximilians-Universität** gebaut. Friedrich von Gärtner markiert jeweils mit einem monumentalen Bauwerk den Beginn und das Ende dieser Prachtstraße. Für den nördlichsten Punkt der Ludwigstraße konzipiert er im Auftrag Ludwigs I. das **Siegestor** ➡ G9 nach dem Vorbild des Konstantinsbogens in Rom. An den Wänden sind noch immer überdeutlich die Spuren der Zerstörungen während des Zweiten Weltkriegs zu erkennen. »Dem Sieg geweiht, vom Krieg zerstört, zum Frieden mahnend« lautet die Inschrift unterhalb der in Richtung Norden, gen Preußen, fahrenden Quadriga.

Zu Fuß oder per U-Bahn (Linie 3/6) geht es zurück zum **Odeonsplatz** ➡ J8. An den südlichsten Punkt der Prachtstraße setzt Gärtner, inspiriert von der florentinischen Loggia dei Lanzi, die **Feldherrnhalle** ➡ K8. Anstelle antiker Gottheiten sind es in diesem Fall die beiden bayerischen Feldherren Tilly und Wrede, die mit dem Ehrentempel geehrt werden. An der Rückwand des Hallenbaus steht das Denkmal für die bayerische Armee. Mit Hitlers »Marsch zur Feldherrnhalle« am 9. November 1923 erhält der Bau viel später eine tragische Bedeutung.

Blickfang am Odeonsplatz ist die in einem Ockergelb erstrahlende Barockfassade der **Theatinerkirche St. Kajetan**. Als nach zehn kinderlosen Ehejahren Henriette Adelaide von Savoyen endlich schwanger wird, erwirbt die Kurfürstin gegenüber der Residenz eine Reihe von Bürgerhäusern, um gemäß ihrem Gelübde dort eine Kirche bauen zu lassen. Als der Erbprinz Max Emanuel 1662 das Licht der Welt erblickt, dankt sein Vater, Kurfürst Ferdinand Maria, Gott mit dem Bau dieser Kirche und seiner Frau mit Schloss Nymphenburg.

Den **Hofgarten** ➡ J/K9 lässt Maximilian I. als nördliche Begrenzung der Residenz im Stil der Renaissance anlegen. Man betritt ihn

Kolossal: die sienagelbe Fassade der Theatinerkirche

Klassizistisch: die Glyptothek am Königsplatz

durch Klenzes **Hofgartentor**. Diese charmante Oase der relativen Ruhe im Innenstadtbereich wird von einem Arkadengang und dem immer noch gewöhnungsbedürftigen Monumentalbau der **Bayerischen Staatskanzlei** ➡ K9 mit ihrer imposanten Kuppel eingefasst. Mittelpunkt der Parkanlage ist der grazile, zwölfeckige Diana-Tempel. Der Hofgarten ist keine museale Sehenswürdigkeit, sondern ein äußerst lebendiges Stück München. Schon beim ersten warmen Sonnenstrahl sind die Plätze auf den gemütlichen Bänken heiß begehrt, vor den Arkaden wird Boule gespielt und in warmen Sommernächten wird manchmal abends argentinischer Tango im Diana-Tempel getanzt.

Zu Beginn des 19. Jahrhunderts wurde als sogenannte Königsauffahrt von der Residenz im Innenstadtbereich zum Sommerschloss der Wittelsbacher, damals weit draußen vor den Toren der Stadt gelegen, die **Brienner bzw. Nymphenburger Straße** ➡ H3–J8 angelegt. Unterbrochen von bedeutenden Platzanlagen zieht sie sich nach dem Königsplatz über einen Kilometer bis weit hinter den Rotkreuzplatz. Stammten die ersten Entwürfe zu diesem Straßenzug noch von Karl von Fischer, übernahm Leo von Klenze seine Fertigstellung.

Der vornehm zurückhaltende **Wittelsbacherplatz** ➡ J8 kann als Entree der königlichen Auffahrt gesehen werden. Lange bevor die ihn umgebenden Palais im Stil der italienischen Renaissance zu repräsentativen Verwaltungsgebäuden von Ministerien und Firmen (Siemens) umfunktioniert wurden, waren sie im Besitz des vermögenden Hochadels. Mittelpunkt des Platzes ist das Standbild Maximilians I. In der Pose des siegreichen Feldherrn reitet der erste bayerische Kurfürst seiner Armee in einer der Schlachten des Dreißigjährigen Krieges voran. Das Denkmal wurde vom bedeutendsten Bildhauer seiner Zeit, dem Dänen Bertel Thorvaldsen, geschaffen und gilt als eines der herausragenden Werke des Klassizismus deutscher Prägung.

Von den ursprünglichen Entwürfen eines Karl von Fischer ist nach der rudimentären Rekonstruktion des im Krieg zerstörten **Karolinenplatzes** ➡ J7 kaum noch etwas zu erkennen. Originalgetreu ist lediglich die leicht ansteigende Platzmitte wiederhergestellt worden. Der Obelisk als Blickfang erinnert an die 30 000 bayerischen Soldaten, die als Teil der Grande Armée im Russlandfeldzug Napoleons ihr Leben verloren. Der Obelisk wurde 1835 aufgestellt. Die 29 Meter hohe Konstruktion besteht im Innern aus einem mit einer bronzenen Hülle ummantelten Kern aus Ziegeln. Das Metall dazu stammt von eroberten und später eingeschmolzenen französischen, russischen und österreichischen Kanonen.

Noch als Kronprinz vergibt der spätere Ludwig I. mit dem **Königsplatz** ➡ J6 seinen ersten Großauftrag. Mit dieser Anlage verleiht er seiner Verehrung für das klassische Griechenland nachhaltigen Ausdruck. Nach einigem Hin und Her wird letztendlich der Niedersachse Leo von Klenze mit der Ausführung des Projektes beauftragt. 1816 kann der Grundstein für die **Glyptothek** gelegt werden. In ihren Räumen wird Ludwigs Sammlung antiker griechischer Bildwerke gezeigt, darunter die kostbaren Giebelfiguren von der Insel Ägina, die – erst 1811 ausgegraben – vom Thronfolger umgehend gekauft wurden. Den Museumsbau mit seiner von acht ionischen Säulen getragenen Giebelfront bezeichneten die Münchner damals abfällig als »närrisches Kronprinzenhäuserl«. Dokumentiert ist, dass Ludwig, inspiriert durch seine zahlreichen Italienreisen, im Schein von Fackeln in den Räumlichkeiten zu prächtigen Empfängen einlud. Inmitten der Kunstwerke ließ er sich als kunstsinniger, aber auch eitler Mäzen feiern.

Exponat der Glyptothek: Kopf der Athena vom Westgiebel des Aphaiatempels von der Insel Ägina (um 490 v. Chr.)

Erst 1838, inzwischen hat Ludwig den Thron bestiegen, wird mit dem Bau des korinthischen Gegenstücks, der **Staatlichen Antikensammlungen** ➡ J6, an der Südseite des Platzes begonnen. Statt des inzwischen in Ungnade gefallenen Leo von Klenze wird nun Georg Friedrich Ziebland mit der Konzeption des spätklassizistischen Gebäudes inklusive seiner steilen Freitreppe beauftragt.

Als »Torbau von erhabener Zwecklosigkeit« sah man die **Propyläen** lange Zeit. Mit diesem klassizistischen Bauwerk, das sowohl griechische als auch ägyptische Stilelemente aufweist, wurde der bayerischen Armee, dem griechischen Freiheitskampf und dem Wittelsbacher König Otto von Griechenland, Ludwigs Sohn, ein Denkmal gesetzt.

Gegenüber den Propyläen entwarf Gabriel von Seidl für den Malerfürsten und damaligen Kunstpapst Franz von Lenbach 1887 die ockergelbe Villa im Stil der italienischen Renaissance. Lenbach residierte hier bis 1904 und porträtierte die Prominenz seiner Zeit wie Kaiser Wilhelm I., Bismarck, Ludwig II. oder Richard Wagner. Heute locken die Werke der Künstlergruppe »Der Blaue Reiter« und Arbeiten von Joseph Beuys Besucher aus der ganzen Welt in die **Städtische Galerie im Lenbachhaus** ➡ H6. Dazu gehört der **Kunstbau** mit seinen spannenden Sonderausstellungen im U-Bahn-Zwischengeschoss. ■

Die ockergelbe Villa des Malerfürsten Franz von Lenbach beherbergt heute die Städtische Galerie im Lenbachhaus

Schwabing, Maxvorstadt

Schwabing beginnt nördlich des Siegestors und lebt zu einem nicht unerheblichen Teil noch immer von seinem doch ziemlich verblassten Ruhm eines Künstlerviertels. Den Grundstein zum legendären Mythos dieses Stadtteils legten zu Beginn des 20. Jahrhunderts heute berühmte bildende Künstler, Literaten und Musiker. Wer sich auf die Spuren der Vergangenheit begeben will, sollte die verkehrsreiche Leopoldstraße verlassen und beiderseits des breiten Boulevards durch die stilleren Nebenstraßen laufen, denn nur dort lassen sich neben den spärlichen Spuren der dörflichen Vergangenheit dieses Stadtteils prächtige mehrstöckige Jugendstilfassaden entdecken. Wer auf Shopping Wert legt, dem seien die Hohenzollern-, aber auch die Türken-, Schelling- und Amalienstraße ➡ G/H8 hinter der Uni mit ihren zahlreichen ausgefallenen Läden sowie jeder Menge Cafés und Restaurants empfohlen.

Durch die Feilitzschstraße geht es zum **Wedekindplatz** ➡ E10, dem ehemaligen Zentrum Alt-Schwabings. Benannt wurde der Platz nach Frank Wedekind, dem Schriftsteller und Mitbegründer der Satirezeitschrift »Simplicissimus«. Im **Werneckschlössl** (Werneckstr. 24) mit seiner barocken Gartenanlage hatte kurzzeitig Paul Klee ein Atelier gemietet. 1919 versteckte sich hier der sozialrevolutionäre Schriftsteller Ernst Toller vor seinen Verfolgern und heute dient der charmante Bau Kardinal Reinhard Marx als Residenz. Ein Relikt dörflicher Vergangenheit ist der **Viereckhof** ➡ E11, ein denkmalgeschütztes Bauernhaus aus dem 13. Jahrhundert (Ecke Feilitzsch-/Gunezrainerstr.). Das kleine Palais mit dem auffallenden Säulenportal (Mandlstr. 14) direkt am Englischen Garten ist mit Abstand das stilvollste Standesamt der Stadt. Am Nikolaiplatz steht die großbürgerliche **Seidlvilla** ➡ E/F10 (www.seidlvilla.de). Ihr vielseitiges Kulturprogramm lockt die Besucher mit interessanten Angeboten.

Westlich der Leopoldstraße verstecken sich noch einige hinreißende Jugendstilfassaden, die vor dem Krieg so typisch für Schwabing waren. Ein ganz besonders prächtiges Beispiel ist das in seiner Originalfarbgebung restaurierte **Jugendstil-Wohnhaus** ➡ E8/9 in der Ainmillerstraße 14. Aber auch auf die Fassaden der Häuser Nr. 33 bis 35 und 37 in der Ainmillerstraße sowie des Eckhauses an der Franz-Joseph-Straße 38 sollte man einen Blick werfen.

Mit seinen Verkaufsständen und dem kleinen Biergarten bietet sich der **Elisabethmarkt** ➡ F8 für eine Pause an. Unter Münchnern sehr um-

Jugendstilfassaden in Schwabing: in der Franz-Joseph-Straße 19 und der Ainmillerstraße 22

Gleich vor dem Siegestor in Schwabing: der »Walking Man« von Jonathan Borofsky

stritten: Die alten Stände wurden abgerissen und der Markt wurde modernisiert. In der Zwischenzeit kamen die Händler in Containern unter, doch noch 2024 soll der neue Markt eröffnet werden.

Gleich vor dem Siegestor schreitet der riesige **Walking Man** ➡ G9 des US-amerikanischen Künstlers Jonathan Borofsky Richtung Stadtzentrum. Jenseits des Siegestors geht Schwabing in die Maxvorstadt über. Das lebendige Viertel hinter der Universität verführt mit seinem Kunstareal und den vielen Cafés, Kneipen, Boutiquen, Antiquariaten und Buchhandlungen zu einem ausgiebigen Bummel.

Vieles, was den Mythos Schwabing ausmacht, ereignete sich genau hier. Echte und eingebildete Genies trafen sich bevorzugt im **Café Stephanie** ➡ G9 (Amalienstr. 25, heute Leonardo Boutique Hotel), das später als Café Größenwahn in die Annalen einging. Es war Treffpunkt der Künstlergruppe »Der Blaue Reiter«. Paul Klee lebte und arbeitete eine Zeit lang in der Amalienstraße im Haus Nr. 45, Robert Walser im Haus mit der Nr. 48 und Henrik Ibsen nacheinander in den Häusern Nr. 53 und 97. Viel später zählten der Kabarettist Gerhard Polt (Amalienstr. Nr. 79) und der Regisseur Rainer Werner Fassbinder (Nr. 87) kurzzeitig zu ihren Bewohnern.

Entlang der Schelling-, Amalien- und Türkenstraße brummt das Leben vor allem während des Semesters. Der palastähnliche Gründerzeitbau der nahen **Akademie der Bildenden Künste** ➡ G9 (Akademiestr. 2) prunkt mit seinem gläsernen Erweiterungsbau des bekannten, ursprünglich Wiener Architekturbüros Coop Himmelb(l)au (Berlin).

Zu einer kleinen melancholischen Idylle hat sich der **Alte Nördliche Friedhof** ➡ G7 entwickelt, auf dem seit 1939 niemand mehr bestattet wird. Nicht nur Spaziergänger lieben den uralten Baumbestand. Unter den mächtigen Baumkronen trifft sich so mancher Schwabinger mit seinen Freunden auf einen Schwatz und Jogger drehen ihre Runden.

Die Akademie der Bildenden Künste

Rund 52 000 Studenten sind an der **Ludwig-Maximilians-Universität** ➡ G/H9 eingeschrieben, die 2006 mit dem Prädikat »Elite-Uni« ausgezeichnet wurde. Vor dem Haupteingang am Geschwister-Scholl-Platz erinnern die ins Pflaster eingelassenen Flugblätter an den Widerstand der beiden Studenten Sophie und Hans Scholl gegen den Nationalsozialismus. Sie hatten die Flugblätter von der Galerie in den Lichthof geworfen. Die kleine **DenkStätte Weiße Rose** ➡ G9 dokumentiert das Schicksal der Widerstandsgruppe um die Geschwister und Professor Kurt Huber.

Jenseits des Haupteingangs der Uni fällt der Blick fast automatisch auf die spitzen Doppeltürme der klassizistischen **Ludwigskirche** ➡ H9 und die sich anschließende Fassade der Bayerischen Staatsbibliothek. Nach Süden verläuft die gedachte Grenze der Maxvorstadt zum Zentrum hin auf der Höhe des beeindruckenden klassizistischen **Königsplatzes** ➡ H/J6 mit den Museen Glyptothek und Staatliche Antikensammlungen. Auf dem Weg dorthin erreicht man mit der Tram 27/28 am unteren Ende der Barerstraße das sogenannte Kunstareal mit den weltbekannten Sammlungen seiner drei 5 **Pinakotheken** ➡ H7 (Neue Pinakothek bis voraussichtlich 2029 wegen Renovierung geschlossen) und dem **Museum Brandhorst** ➡ H7/8. Hinzukommt der lang gestreckte Neubau, der im Obergeschoss die **Hochschule für Fernsehen und Film** und im Untergeschoss das **Staatliche Museum für Ägyptische Kunst** ➡ H/J7 mit seiner imposanten Sammlung beherbergt.

Haidhausen

Das ehemalige sogenannte Franzosenviertel oberhalb der Isar mit seinen geduckten Häuschen, aber auch hochherrschaftlicher Bausubstanz – zu erkennen an den renovierten Gründerzeitfassaden rund um den Pariser und den Bordeauxplatz – zählt heute mit seinen zahlreichen stilvollen Winkeln zu den begehrten, hochpreisigen innerstädtischen Wohnadressen. Ursprünglich siedelten sich am rechten Isarufer Tagelöhner und Handwerker an, denen die Bürgerrechte und somit das Wohnrecht in der Innenstadt verwehrt waren. Zwischen Maximilianeum, Gasteig und Ostbahnhof boomt seit Jahren eine lebendige Kulturszene, gibt es viele originelle Läden und hippe Szenelokale.

Der **Wiener Platz** ➡ M11 mit seinen kleinen, festen Marktbuden ist der Marktplatz des Viertels und so etwas wie ein Miniableger des Viktualienmarktes. Und der **Hofbräukeller** gleich daneben ist zu jeder Jahreszeit eine der Wallfahrtsstätten bayerischer Gemütlichkeit. Vorbei an der neugotischen Kirche St. Johann Baptist am Johannisplatz erreicht man an der Preysingstr. 58 das **Üblacker-Häusl** ➡ M12. Dieser geduckte Erdgeschossbau zählt wie schon die Tagelöhnerhäuschen am Wiener Platz 4–6 und An der Kreppe 2A–D zu jenen Herbergen, die im 18. Jahrhundert typisch für das einst so arme Viertel waren. Im Üblacker-Häusl ist noch eine dieser winzigen Tagelöhnerwohnungen zu besichtigen. Gegenüber steht der rund 300 Jahre alte **Kriechbaumhof** (Preysingstr. 71). In dem gekonnt restaurierten Gebäude lebten ursprünglich in bitterer Armut mehrere Handwerkerfamilien, die ihre Wohnungen über Außentreppen erreichten.

Eine Institution am Wiener Platz: der Hofbräukeller

Ganz anders ist die Atmosphäre am geräumigen, ovalen Bordeauxplatz. Stattliche mehrstöckige Mietshäuser aus der Gründerzeit sorgen hier für eine gewisse vornehme Distanziertheit. Wesentlich lebendiger geht es in den Straßen rund um den **Pariser und Weißenburger Platz** ➡ N11 zu. Und entlang Sedan-, Milch- und Steinstraße lassen sich jede Menge Boutiquen sowie Cafés und Restaurants entdecken.

Der riesige Backsteinbau **Kulturzentrum am Gasteig** ➡ M11 am Rosenheimer Platz ist sehenswert, wird aber seit 2021 saniert. Nur ab und an finden hier noch Veranstaltungen statt. Auf dem Gelände der Stadtwerke München an der Hans-Preißinger-Str. 8 im Stadtteil Sendling hat das Kulturzentrum übergangsweise ein neues Zuhause als »Gasteig HP8« gefunden.

Beschließen könnte man den Spaziergang mit einem Besuch des **Müller'schen Volksbads** ➡ M10, einem einzigartigen Jugendstiljuwel.

Der Brunnen am Weißenburger Platz

Gärtnerplatz- und Glockenbachviertel

Es waren in den 1980er Jahren die Künstler, die als erste den heruntergekommenen Charme dieses Altstadtviertels entdeckten. Ihnen folgten, wie so häufig, Architekten, Designer und jede Menge Gastwirte. Seit damals gehört das **Glockenbachviertel** ➡ N/M6–8, auch Isarvorstadt genannt, mit seinen charmanten, kleinen Läden und der vielfältigen Gastro-Szene zu den begehrten und damit teuren innerstädtischen Wohnadressen. Das Viertel ist bunt, manchmal sogar schrill. Einige Straßen sind immer noch von der queeren Szene geprägt. Die Gegend ist vielfältig und durch die unzähligen Lokale sehr lebhaft. Die alteingesessenen Bewohner des Stadtteils wandern jedoch immer mehr ab. Die Kneipendichte sorgt für hohen Lärmpegel. Zudem steigen die Mieten ins Uferlose – wie überall im Stadtkern und mittlerweile sogar in Randbezirken.

Die Initiative zum Bau dieses planmäßig angelegten Viertels mit seinen überwiegend spätklassizistischen Gebäudefronten ging von Ludwig I. aus. Die Straße, die dem Viertel ihren Namen gab, die ehemalige Glockenstraße (heute Pestalozzistraße), verdankt diesen der damals dort ansässigen Glockengießerei. Mittelpunkt des Viertels ist der 1866 geschaffene **Gärtnerplatz** ➡ M8, ein städtebauliches Schmuckstück. Das unter Denkmalschutz stehende Areal rund um das Blumenrondell mit vielen Lokalen ist ein lebendiges Herzstück der Innenstadt. Hier trifft sich auch die Party- und Nachtschwärmer-Szene gern zum Vor- oder Nachglühen.

Hinter der spätklassizistischen Fassade des **Gärtnerplatztheaters** verbirgt sich der Zuschauerraum, überwölbt von einer zeltähnlichen Decke. In seiner vornehmen Zurückhaltung stellt der Bau ein auf bürgerliche Dimensionen reduziertes »Hoftheater« dar.

Auf der **Klenzestraße** ➡ N/M7/8 locken charmante Läden und jede Menge kleine Bars und Cafés, bevor man jenseits der Fraunhoferstraße das eigentliche Glockenbachviertel mit ebenso vielen witzigen Boutiquen und engagiert geführten Restaurants erreicht. Kaum jemand wird den vielfältigen Verführungen des üppigen Angebots widerstehen können. Als kleines architektonisches Juwel gelten die unter Denkmalschutz stehenden, prächtigen Gründerzeitfassaden an der **Hans-Sachs-Straße** ➡ N7.

Wie aus der Zeit gefallen liegt nahe dem baumbestandenen, fast dörflichen Westermühlbach, einem der wenigen alten Münchner Wasserwege, der **Alte Südliche Friedhof** ➡ N6. Er ist ein zu Stein gewordenes Prominentenverzeichnis des 19. Jahrhunderts: Berühmtheiten wie Leo von Klenze, Franz von Kobell und Carl Spitzweg haben hier ihre letzte Ruhe gefunden.

Westend

Dem traditionsreichen Stadtteil im Rücken der mächtigen Bavaria oberhalb der Theresienwiese haftete über Jahrzehnte das Etikett der Schmuddelecke an. Die Schwanthalerhöhe, besser bekannt unter Westend, wurde nach dem Bildhauer Ludwig Michael von Schwanthaler benannt. Der achte Münchner Stadtbezirk besitzt im Gegensatz zu den anderen beschriebenen Vierteln keinen historisch gewachsenen Mittelpunkt. Um 1820 entstanden damals weit draußen vor der Residenzstadt die ersten armseligen Behausungen der Arbeiter, die zu Beginn des Industriezeitalters ihren Lebensunterhalt bei der Bahn verdienten. Die erste Eisenbahnlinie wurde im August 1839 zwischen Augsburg und München in Betrieb genommen. In der Folgezeit siedelten sich dann südlich der Bahngleise kleine und mittelgroße Industrieunternehmen an.

Kettenkarussell auf dem Münchner Oktoberfest

Die tiefgreifende Umstrukturierung eines der letzten »Glasscherbenviertel« Münchens begann mit der Verlagerung der alten Messe von der Theresienhöhe auf das Areal des ehemaligen Flughafens Riem. Bis auf die unter Denkmalschutz stehenden Messehallen aus dem 19. Jahrhundert – darin ist jetzt das **Verkehrszentrum des Deutschen Museums** ➡ M3 untergebracht – wurde alles abgerissen, das Terrain der Theresienhöhe in das Trendviertel »Theresia« umbenannt und zu einem Wohnquartier mit edlen Büros und Penthousewohnungen umfunktioniert. In der Nachbarschaft werden seit einigen Jahren immer mehr Altbauten aufwendig saniert, um sie teuer zu vermieten. Bleibt zu hoffen, dass sich das Viertel seinen ursprünglichen Charakter wenigstens noch in ein paar Straßen bewahren kann.

Doch immer noch herrscht ein friedliches Nebeneinander in diesem lässig-lebendigen Multi-Kulti-Viertel. Noch gibt es neben der schlichten bayerischen Eckkneipe den türkischen Imbiss plus Gemüseladen und die griechische Taverne. Dazwischen werden zwar schon die ersten etwas teureren Speiselokale und angesagte Trend-Cafés gesichtet, aber noch existiert der simple Stehausschank mit der Dartscheibe als Nachbarschaftstreffpunkt. Dem ganz speziellen Flair dieses Stadtteils lässt sich am besten in der Gollier-, Ligsalz-, Heimeran- und Kazmairstraße ➡ L/M3 mit ihren zahlreichen Winzigläden nachspüren.

Oktoberfest

Alljährlich findet zwei Wochen lang – von Ende September bis Anfang Oktober – das Oktoberfest, *d'Wiesn*, auf der Theresienwiese statt. Das weltgrößte Volksfest geht auf eine Stiftung Ludwigs I. anlässlich seiner Hochzeit mit der Prinzessin Therese von Sachsen-Hildburghausen am 17. Oktober 1810 zurück. Damals fand vor den Toren der Stadt zur Belustigung des Volks ein Pferderennen statt, aus dem sich im Lauf der Jahre das bekannteste und größte Volksfest der Welt entwickelte, zu dem heute alljährlich Millionen Touristen aus aller Herren Länder anreisen. Von morgens 11 bis abends 23 Uhr findet eine faszinierende Demonstration des totalen Konsums, des totalen Vergnügens und des totalen Rausches statt, stets angefeuert durch den Refrain »oans, zwoa, gsuffa«.

Mehrmals im Jahr wird es lebendig auf der großen **Theresienwiese** ➡ M/N3/4: Mit dem Frühlingsfest und dem riesigen Trödelmarkt wird die Saison eröffnet. Ende September lockt zwei Wochen lang das Oktoberfest sein Millionenpublikum an und in der Adventszeit hat sich das stimmungsvolle Tollwood-Winterfestival als kunstvoller Weihnachtsmarkt mit ganz besonderem Flair zu einem Magneten entwickelt.

Ein steiler Treppenweg führt hinauf zur mächtigen **Bavaria** ➡ M/N3. Von Juni bis August 1850 wurde der »Koloss von München« in Einzelteilen auf eigens konstruierten, von je 12 Pferden gezogenen Wagen zur Theresienwiese geschafft. An einem klaren Tag gehört der Blick aus ihren Augen über die Stadt zum touristischen Pflichtprogramm. Im Inneren der 18 Meter hohen, mächtigen Schutzgöttin schrauben sich zwei enge Wendeltreppen mit je 126 Stufen durch den noch engeren Hals hinauf in den Kopf. Im Rücken der germanisch-bajuwarischen Riesin im zottigen Bärenfellgewand stehen in der klassizistischen **Ruhmeshalle** die Porträtbüsten bedeutender bayerischer Persönlichkeiten.

Durch den kleinen, idyllischen **Bavariapark** mit seinen Sandsteinfiguren bietet sich ein Kurzspaziergang hinüber zum Verkehrsmuseum an. Der Park ist die grüne Oase des bereits erwähnten Neubauviertels auf dem ehemaligen Messegelände. Mit dem **Wohnturm Park Plaza** am Hans-Dürrmeier-Weg hat der Architekt Otto Steidles dem Quartier einen markanten, farblich unübersehbaren Kontrapunkt verpasst.

Neuhausen, Gern, Nymphenburg

Die Nymphenburger Straße stellte einst als »Königsauffahrt«, die der Bürger nicht benutzen durfte, die Verbindung zwischen der Residenz in der Innenstadt und dem Sommersitz der Wittelsbacher weit draußen vor den Toren der Stadt dar. **Neuhausen, Gern** ➡ cA–cD6–9 und **Nymphenburg** ➡ bA–bE1–5 sind drei eng verzahnte Viertel mit viel Grün und reichlich gepflegter Bausubstanz an oft schmalen und etwas verwinkelten Straßenzügen. Dabei ist Neuhausen ein wenig quirliger als seine stilleren und vornehmeren Trabanten Gern und Nymphenburg.

Der **Rotkreuzplatz** ➡ cD9 ist der geschäftige Mittelpunkt des Stadtteils Neuhausen. Nicht ganz zu Unrecht wird er aufgrund seiner zahl-

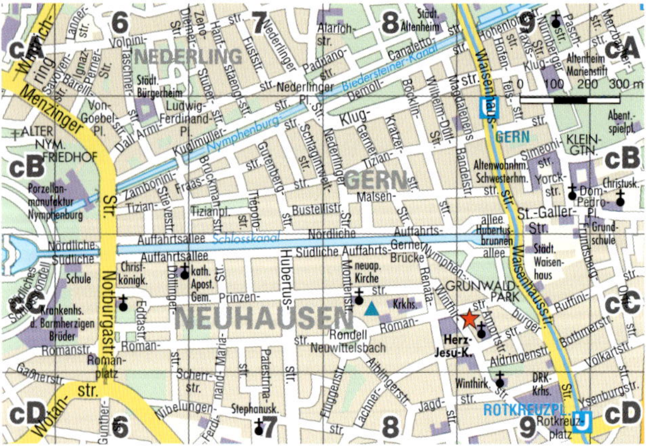

Jugendstil im Viertel

Zum Glück fielen nicht alle Architekturjuwele der Gründerzeit den Bombenangriffen im Zweiten Weltkrieg zum Opfer. Spaziergänge lohnen sich zu folgenden Adressen: Romanstr. 5, Nibelungenstr. 48, zum Eckhaus in der Aiblinger Str. 33 und den mehrstöckigen Mietshäusern in der Aiblinger Str. 1, 2 und 3. In der Ruffinistraße sind es die Häuser 4 und 6, außerdem sind Orffstr. 4, Volkartstr. 40, 70 und 72, Frundsbergstr. 5, 8 und 12, Leonrodstr. 38–42 sowie Ysenburgstr. 7 und 11 zu empfehlen. Hinzu kommen noch in der Böcklinstraße die Häuser Nr. 34 und 36 sowie die Nr. 7 in der Pilarstr.

reichen Einzelhandelsgeschäfte und einem beachtlichen Angebot an Speiselokalen aller Kategorien als »Stachus von Neuhausen« bezeichnet. An jedem Donnerstag lockt hier ein Bauernmarkt.

In der nahen **Volkartstraße** gibt es kleine, originelle Läden zu entdecken. Gleich um die Ecke in der **Orff-** und vor allem in der **Bothmerstraße** ➡ cC9/10 geht es vorbei an nostalgischen Reihenhäusern mit kleinen Vorgärten und prächtigen Fassaden, reich verziert mit Türmchen.

Der kleine Umweg zur Lachnerstraße führt zu einem Neubau der ganz besonderen Art. Umgeben von den Gründerzeitfassaden mehrstöckiger, großbürgerlicher Stuckdeckenhäuser wirkt der mächtige blaue Würfel der **Herz-Jesu-Kirche** ➡ cC9, nach einem Brand 1994 vollständig erneuert, einerseits wie ein Fremdkörper, andererseits setzt er einen interessanten architektonischen Kontrapunkt, der noch immer kontroverse Diskussionen herausfordert.

Auf dem Weg zum Schloss Richtung Nymphenburger Schlosskanal lohnt sich der Abstecher über die Gerner Brücke kreuz und quer durch die idyllische Villenkolonie. Die unter Denkmalschutz stehenden Jugendstil-Reihenhäuser an der **Tizian-**, **Magdalenen-**, **Böcklin-** oder **Wilhelm-Düll-Straße** ➡ cA/cB8/9 gehören zu den Aushängeschildern des Viertels.

Der gemütliche Spaziergang entlang der Nördlichen Auffahrtsallee öffnet immer wieder den Blick auf die Prunkfassade des 6 **Nymphenburger Schlosses** ➡ bB/bC3/4, in dem gleich mehrere Dauerausstellungen besucht werden können. ■

Italienische Baukunst spiegelt sich in Schloss Nymphenburg wider

Museen, Kirchen, Architektur und andere Sehenswürdigkeiten

Museen

Ägyptische Kunst, Staatliches Museum ➡ H7
Gabelsbergerstr. 35
Tram 27/28: Karolinenplatz, Bus 100: Pinakothek, U2/8: Königsplatz
✆ (089) 28 92 76 30
www.smaek.de
Über eine breite Freitreppe oder die breite Rampe erreicht der Besucher die fast mystisch wirkenden, lang gestreckten Räume mit ihren wunderbaren, nach Themen präsentierten Exponaten. Assoziationen an die Königsgräber sind durchaus beabsichtigt.

Antikensammlungen, Staatliche ➡ J6
Katharina-von-Bora-Str. 10, am Königsplatz
U2/8, Bus 100: Königsplatz, Tram 27/28: Karolinenplatz
✆ (089) 28 92 75 02
www.antike-am-koenigsplatz.mwn.de
Griechen, Etrusker und Römer anschaulich erleben: Kunstwerke und Gebrauchsobjekte der Antike aus den unterschiedlichsten Materialien wie Keramik, Metall und Stein lassen die Besucher in die Welt der Antike eintauchen. Der zeitliche Rahmen beginnt mit der kykladischen Kultur der Ägäis im 3. Jt. v. Chr. und führt bis in die Spätantike im 5. Jh. n. Chr. Gezeigt werden u. a. antiker Goldschmuck, Kleinplastiken aus Bronze und Terrakotta, etruskische Kunst.

Bayerisches Nationalmuseum ➡ J11
Prinzregentenstr. 3
U4/5: Lehel, Tram 16, Bus 100: Nationalmuseum/Haus der Kunst
✆ (089) 211 24 01
www.bayerisches-nationalmuseum.de
Zählt zu den größten europäischen Museen für bildende Kunst und Kulturgeschichte. Als einzigartig gilt die großartige Barock- und Rokokoausstellung auf 1500 m².

Bier-Oktoberfest-Museum ➡ L9
Sterneckerstr. 2
S1–8, U3/6: Marienplatz
✆ (089) 24 23 16 07, www.bier-und-oktoberfestmuseum.de
Hier erfährt man eine Menge über das Lieblingsgetränk der Bayern und über die Geschichte des größten Volksfestes der Welt. Im angeschlossenen »Museumsstüberl«, einem der ältesten Häuser der Stadt, gibt es ein frisches Bier vom Fass. Ein Stück der alten Stadtmauer aus dem Jahr 1340 ist im Gastraum zu besichtigen.

BMW-Museum ➡ A5
Am Olympiapark 1
U3, Bus 173: Olympiazentrum
✆ (089) 125 01 60 01
www.bmw-museum.com
Nach einer umfangreichen Renovierung wurde das Museum aus dem Jahr 1973 in der glänzenden silbernen Schüssel im Juni 2008 wieder eröffnet. Gezeigt werden mehr als 125 Originalexponate aus der langjährigen Unternehmensgeschichte.

DenkStätte Weiße Rose ➡ G9
Lichthof der LMU
Geschwister-Scholl-Platz 1
U3/6, Bus 68/153/154: Universität
✆ (089) 21 80 56 78
www.weisse-rose-stiftung.de
Eintritt frei
Die ständige Ausstellung informiert den Besucher über Leben und Wirken der Geschwister

Wirkungsvoll in Szene gesetzt: Exponate im Ägyptischen Museum

Scholl und ihres Freundeskreises. Eine Präsenzbibliothek und Hörstationen vermitteln ein umfassendes Bild von den Aktivitäten der Geschwister, die ihren Kampf gegen den Nationalsozialismus mit dem Leben bezahlen mussten.

Deutsches Jagd- und Fischereimuseum ➡ L7
Neuhauser Str. 2
S1–8, U3/6: Marienplatz, U4/5: Karlsplatz (Stachus)
✆ (089) 22 05 22
www.jagd-fischerei-museum.de
Allein die Location ist eine Sehenswürdigkeit: In der ehemaligen Augustinerkirche erwarten den Besucher eine umfangreiche Trophäensammlung, historische Jagdwaffen sowie jede Menge Tierpräparate und Gemälde.

7 Deutsches Museum ➡ N9
Museumsinsel 1
S1–8: Isartor, Bus 132: Boschbrücke
✆ (089) 217 93 33
www.deutsches-museum.de
Kombiticket mit Flugwerft und Verkehrsmuseum
Die größte naturwissenschaftlich-technische Sammlung der Welt wird bei laufendem Betrieb für 400 Mio. Euro bis 2025 von Grund auf saniert (vgl. auch S. 74).

Deutsches Museum, Flugwerft Schleißheim ➡ aA4
Effnerstr. 18/Ferdinand-Schulz-Allee, 85764 Oberschleißheim
S1: Freising/Oberschleißheim
✆ (089) 217 93 33
www.deutsches-museum.de
In der historischen Flugwerft stehen rund 70 Flugobjekte, vom Lilienthal-Gleiter bis zum Eurofighter, vom Flugboot bis zur Rakete.

Deutsches Museum, Verkehrszentrum ➡ M3
Am Bavariapark 5
U4/5: Schwanthalerhöhe
✆ (089) 500 80 67 62
www.deutsches-museum.de
In den denkmalgeschützten Hallen dreht sich alles um die Mobilität. Zu sehen sind neben historischen Straßenbahnen, Fahrrädern und Bergbahnen auch die ersten Autos und Motorräder. Eines der Prunkstücke ist der originale Patentwagen von Carl Benz von 1886.

Glyptothek ➡ H/J6
Königsplatz 3
U2/8, Bus 100: Königsplatz, Tram 27/28: Karolinenplatz
✆ (089) 28 92 75 02
www.antike-am-koenigsplatz.mwn.de

Es ist das einzige Museum weltweit, das allein der antiken Skulptur gewidmet ist. Griechische und römische Marmorstatuen von höchster Qualität werden in einem idealen Rahmen gezeigt – vor den Ziegelmauern der überwölbten Museumssäle. Ein Highlight sind die Giebelfiguren des Aphaiatempels von Ägina.

Haidhausen-Museum ➡ aD5
Kirchenstr. 24
U4/5: Max-Weber-Platz
✆ (089) 448 52 92
haidhausen-museum.mux.de
Eintritt frei
Heinrich der Löwe ließ 1158 die Isarbrücke bei Föhring, über die seinerzeit die Salzstraße führte, zerstören und gab einen neuen Flussübergang bei München, und zwar in Haidhausen, in Auftrag. Mit diesem Schachzug gelang es ihm für München den einträglichen Wegezoll zu kassieren. Die ständige Ausstellung des Museums beschäftigt sich mit der Entwicklung des Stadtteils bis heute. Komplementiert wird das Angebot durch interessante Wechselausstellungen. Außerdem werden alle 14 Tage speziell für Kinder im »Kino im Museum« Filme gezeigt.

Haus der Kunst ➡ J10
Prinzregentenstr. 1
Tram 16, Bus 100: Nationalmuseum/Haus der Kunst, U4/5: Lehel
✆ (089) 21 12 71 13
www.hausderkunst.de
Das ehemalige »Haus der Deutschen Kunst«, gebaut während des Nationalsozialismus, punktet heute mit großen Präsentationen, die vorrangig zeitgenössische internationale Kunst zum Thema haben.

Jüdisches Museum ➡ M7
St.-Jakobs-Platz 16
S1–8, U3/6: Marienplatz
✆ (089) 23 39 60 96
www.juedisches-museum-muenchen.de
Das Museum ist Teil des Gemeindezentrums mit der Synagoge. Die Dauerausstellung gibt Einblicke in die jüdische Geschichte und Kultur Münchens. Es vermittelt besondere und alltägliche Geschichten des jüdischen Lebens.

Kunsthalle der Hypo-Kulturstiftung ➡ K8
Theatinerstr. 8
U3–6, Bus 100/153: Odeonsplatz
✆ (089) 22 44 12
www.kunsthalle-muc.de

Die neue Hauptsynagoge am St.-Jakobs-Platz

Das Münchner Stadtmuseum am St.-Jakobs-Platz

Großartige wechselnde Kunstausstellungen namhafter internationaler Künstler aller Genres.

Lenbachhaus, Städtische Galerie im ➡ H6
Luisenstr. 33, U2/8, Bus 100: Königsplatz, Tram 27/28: Karolinenplatz
✆ (089) 23 33 20 29
www.lenbachhaus.de
»Ich gedenke mir einen Palast zu bauen, der das Dagewesene in den Schatten stellen wird«, schrieb Franz von Lenbach 1885. Noch heute ist die ockerfarbene Villa des Malerfürsten mit dem liebevoll angelegten Garten ein Kleinod mitten in der Stadt am Königsplatz.

Grundstock der Sammlung ist das umfangreiche Lebenswerk des Künstlers. Hinzu kommt die einzigartige ständige Sammlung mit Werken des »Blauen Reiters« (Kandinsky, Klee, Marc, Macke, Münter u. a.). Außerdem werden Werke von Joseph Beuys gezeigt. Zudem hochkarätige Wechselausstellung im Zwischengeschoss des U-Bahnhofs (Kunstbau).

Münchner Stadtmuseum ➡ L8
St.-Jakobs-Platz 1
S1–8, U3/6: Marienplatz
✆ (089) 23 32 23 70
www.muenchner-stadtmuseum.de
Gezeigt werden neben 400 Exponaten zur Münchner Geschichte u. a. die Sammlung Puppentheater und Schaustellerei, eine Ausstellung zum Nationalsozialismus in München, die Sammlung Musikinstrumente sowie eine Fotosammlung.

Museum Brandhorst ➡ H8
Theresienstr. 35 A, Tram 27/28, Bus 100: Pinakotheken/Brandhorst
✆ (089) 238 05 22 86
www.museum-brandhorst.de
Die private Sammlung von Udo und Anette Brandhorst umfasst mehr als 700 Werke prominenter Künstler des 20. und 21. Jh. 1999 vermachte das Ehepaar seine Privatsammlung dem Freistaat. Im Gegenzug übernahm Bayern die Kosten für den beeindruckenden Neubau des Berliner Architektenbüros Sauerbruch. Spektakulär ist

Museum Brandhorst: hinter der bunten Fassade mit 36 000 Stäben verbirgt sich die Kunstsammlung von Udo und Anette Brandhorst

schon die Fassade: Sie besteht aus 36 000 verschiedenfarbigen Keramikstäben.

Die Brandhorsts interessierten sich für bildende Kunst und für Literatur. Somit galt ihre Aufmerksamkeit Werken, die der Zusammenarbeit von Malern und Dichtern gewidmet ist. Etwa den 112 von Picasso illustrierten Büchern, alles Originalausgaben, die einen Höhepunkt der Sammlung darstellen. Zu sehen sind auch Werke von Cy Twombly und Andy Warhol.

Museum Mensch und Natur
➡ bB4
Schloss Nymphenburg (Nordflügel), Maria-Ward-Str. 1
Tram 17, Bus 51/151: Schloss Nymphenburg
✆ (089) 179 58 90
www.mmn-muenchen.de
Naturwissenschaftliches Museum mit BIOTOPIA Lab, einem Experimentier- und Ausstellungsraum. Hightlight: der Flugsimulator »Birdly«, mit dem man die Welt aus der Sicht eines Vogels entdeckt.

Museum Villa Stuck ➡ K12
Prinzregentenstr. 60
U4: Prinzregentenplatz, U5, Tram 20/21: Max-Weber-Platz, Bus 100: Villa Stuck
✆ (089) 455 55 10
www.villastuck.de
In den Räumen der Jugendstilvilla des Künstlers Franz von Stuck (1863–1928) sind dessen Werke sowie wechselnde Ausstellungen zu sehen.

NS-Dokumentationszentrum
➡ J7
Max-Mannheimer-Platz 1
(vormals Briennerstr. 34)
U2/8, Bus 100: Königsplatz
✆ (089) 23 36 70 00
www.nsdoku.de
Gedenkstätte des Terrors über den Fundamenten des »Braunen Hauses«, der 1945 zerbombten Parteizentrale der NSDAP. Eröffnet am 30. April 2015, dem 70. Jahrestag der Befreiung Münchens durch die Amerikaner.

Auf dreieinhalb Stockwerken mit insgesamt 1000 m² wird die Dauerausstellung zur Geschichte des Nationalsozialismus in München und die Rolle der Stadt im Terrorsystem der Diktatur präsentiert. Ausgehend von den Ereignissen vor und nach der NS-Zeit werden auch die Auswirkungen bis in die heutige Zeit dokumentiert. Mit einem vielfältigen Veranstaltungsprogramm (Konzerte, Filme, Vorträge) will das NS-Dokumentationszentrum weitere Impulse und Denkanstöße geben.

5 Pinakotheken
Tram 27/28, Bus 100: Pinakotheken

Alte Pinakothek ➡ H7
Kunstareal Barer Str. 27
✆ (089) 23 80 52 16
www.pinakothek.de
In dieser weltweit bedeutenden Gemäldegalerie wird europäische Malerei vom 14. bis zum 18. Jh. gezeigt, darunter Werke berühmter Maler wie Dürer, Holbein, Lucas Cranach d. Ä. oder Pieter Brueghel d. Ä.

Neue Pinakothek ➡ H7
Kunstareal Barer Str. 29
✆ (089) 23 80 51 95
www.pinakothek.de
Wegen Sanierung voraussichtlich bis 2029 geschlossen

Besucher in der Alten Pinakothek vor Peter Paul Rubens' »Großem Jüngsten Gericht« von 1617

Eine Auswahl von Meisterwerken der Kunst des 19. Jh. wird seit Sommer 2019 im Erdgeschoss der Alten Pinakothek (Ostflügel) und in der Sammlung Schack gezeigt.

Pinakothek der Moderne
➡ H7/8
Kunstareal Barer Str. 40
✆ (089) 23 80 53 60
www.pinakothek.de

Die Dauerausstellung im NS-Dokumentationszentrum München

In dem großartigen Bau werden 20 000 Exponate von der Avantgarde um 1900 bis zur heutigen Zeit gezeigt. Eines der größten europäischen Sammlungshäuser mit vier Museen (Architektur, Kunst, Grafik und Design) unter einem Dach. Herzstück ist die lichtdurchflutete Rotunde.

Seine Verehrer schmücken das Bronzedenkmal für Karl Valentin am Viktualienmarkt täglich mit frischen Blumen

④ Residenz
Vgl. S. 47 ff.

Sammlung Café Luitpold ➡ K8
Luitpoldblock im Palmengarten
Brienner Str. 11
U3–6, Bus 100/153: Odeonsplatz
✆ (089) 242 57 66
www.luitpoldblock.de
Eintritt frei
Die Sammlung dokumentiert auf amüsante Art die wechselvolle Geschichte des Hauses, das bis zu seiner Zerstörung im Zweiten Weltkrieg zu den europäischen Top-Adressen in Sachen Kaffeehauskultur gehörte. In den prachtvollen Jugendstilsälen trafen sich seit seiner Eröffnung im Januar 1888 bis zu seinem Untergang Münchner Persönlichkeiten aus Politik und Kultur.

⑥ Schloss Nymphenburg
Vgl. S. 50 f.

Spielzeugmuseum ➡ L8
Marienplatz 15, im Turm des Alten Rathauses
S1–8, U3/6: Marienplatz
✆ (089) 29 40 01
Auf mehreren Etagen des historischen Wachturms der ersten Münchner Stadtmauer gibt es europäisches und amerikanisches Spielzeug aus zwei Jahrhunderten zu sehen: Holz- und Blechspielzeug, Modelleisenbahnen, Puppen, optisches Spielzeug und mehr.

Staatliche Antikensammlungen
Vgl. Antikensammlungen S. 30.

Valentin-Karlstadt-Musäum ➡ L9
Tal 50, im Isartorturm
S1–8, Tram 16: Isartor
✆ (089) 22 32 66
www.valentin-musaeum.de
Dieses »Musäum« fällt in jeder Beziehung aus dem Rahmen. Die Exponate sind so hintersinnig-originell wie die beiden bekannten Münchner Komiker Liesl Karlstadt und Karl Valentin.

Kirchen

8 Allerheiligen-Hofkirche ➡ K9
Residenzstr. 1
U4/5, Bus 100/153: Odeonsplatz, Tram 19: Nationaltheater
www.residenz-muenchen.de
Besichtigung bei Veranstaltungen und im Rahmen eines Besuchs der Residenz (nur Empore)
Nach Plänen von Leo von Klenze wurde diese Kirche zwischen 1826 und 1837 im rückwärtigen Ausgangsbereich der Residenz im byzantinischen Stil mit farbenprächtigen Fresken errichtet. Nach ihrer Zerstörung im Zweiten Weltkrieg besticht der Wiederaufbau durch die klaren Proportionen des schmucklosen Innenraums, der eine fantastische Akustik hat und für kulturelle Veranstaltungen genutzt wird.

Alter Peter (St. Peter) ➡ L8
Rindermarkt 1
S1–8, U3/6: Marienplatz
alterpeter.de
St. Peter, so die offizielle Bezeichnung, war lange Zeit die einzige Kirche der Stadt Heinrichs des Löwen. Anhand von Grabungen konnte 1952 festgestellt werden, dass sie in der Zeit der Romanik (13. Jh.) als Klosterkirche errichtet wurde. Der somit älteste Sakralbau der Stadt spiegelt in seiner Innenausstattung alle großen Kunstepochen von der Gotik über Renaissance, Barock und Rokoko bis hin zum Klassizismus wider.

Während des Zweiten Weltkriegs konnten fast alle beweglichen Teile der Innenausstattung ausgelagert werden und auch Teile des Deckenfreskos mit Szenen aus dem Leben des heiligen Petrus von Johann Baptiste Zimmermann blieben unzerstört. Die Rekonstruktion des Inneren inklusive der Fresken wurde im Jahr 2000 abgeschlossen, die Fresken in der Chorkuppel werden derzeit restauriert.

Putte in der Asamkirche St. Johann Nepomuk

2 Asamkirche ➡ L7
Sendlinger Str. 32
U1–3, 6–8, Tram 16–18/27/28: Sendlinger Tor
Zu einem einzigartigen Architekturdenkmal sakraler Baukunst von Weltgeltung zählt St. Johann Nepomuk, wie diese Kirche offiziell heißt. Egid Quirin Asam, der jüngere der beiden vielbeschäftigten Künstler und Architekten des Spätbarocks, erwarb nicht nur 1729/33 die beiden Grundstücke in der Sendlinger Gasse, sondern sicherte außerdem mit seinem Vermögen die Fertigstellung dieses kostenintensiven Privatvergnügens. Er steckte den größten Teil seines vor allem aus kirchlichen Aufträgen stammenden Vermögens in das Unterfangen. Sein älterer Bruder, Cosmas Damian, konnte in das Gemeinschaftswerk »nur« sein künstlerisches Können und seine Arbeitskraft einbringen. Am 16. Mai 1733 wurde unter großer Anteilnahme der Bevölkerung und im Beisein des damaligen Kronprinzen Maximilian Joseph der Grundstein gelegt.

Flankiert vom Wohnhaus der Brüder Asam und dem Priesterhaus betritt man durch das von Säulen eingerahmte und mit lebensgroßen Figuren geschmückte Portal – links Papst Benedikt XIII., rechts Johann Theodor (Fürstbischof von Freising) – die ovale Vorhalle, die an das Entree eines Theaters erinnert. Der schmale, hohe Kirchraum mit seinem zweistöckigen Hochaltar wirkt überwältigend. Der gesamte Innenraum beeindruckt durch eine Farbsymphonie in Gold und Rot. Die Stuckmarmorwände des Kirchenschiffs sind überreich mit plastischem Dekor geschmückt. Auffallend ist der umlaufende, geschwungene Balkon, über den die Erbauer von ihrem Wohnhaus aus einen direkten Zugang zu den Gottesdiensten hatten. Das Deckengemälde erzählt Szenen aus dem Leben und Sterben des heiligen Johann Nepomuk.

Bürgersaal ➡ K7
Neuhauser Str. 14
S1–8, U4/5, Tram 16–21, 27/28: Karlsplatz (Stachus)
Mit seiner in Rosa gehaltenen, zweigeschossigen barocken Fassade zieht dieser Bau von 1710 die Blicke auf sich. Den Auftrag zu diesem Sakralbau vergab die Marianische Männerkongregation, eine Vereinigung von Jesuiten, die sich der Förderung des Marienkults verschrieben hatte. Die Originalentwürfe stammen von Giovanni Antonio Viscardi. Oberhalb der dreischiffigen, niedrigen Unterkirche mit dem Grab des Jesuitenpaters Rupert Mayer erwartet einen im ersten Stock ein Barocksaal, der an einen Tanzsaal erinnert. Auch wenn es sich um eine unter Kunsthistorikern als problematisch angesehene Rekonstruktion des während des Zweiten Weltkriegs zerstörten Originals handelt, schenkt sie dem Laien zumindest die Idee von Authentizität.

Das überragende Originalkunstwerk in diesem Raum ist der lebensgroße Schutzengel unter der Orgelempore, der 1763 von Ignaz Günther geschaffen wurde. Kein geschlechtsloses Neutrum steht da vor einem, sondern ein sich seiner erotischen Ausstrahlung bewusstes Wesen. Raffiniert lässig, das Spielbein bis zur Hüfte unbedeckt, tritt dieser Engel auf die Schlange zu seinen Füßen und scheint dem atemlosen, pummeligen Kind an seiner Hand den »rechten Weg« zu zeigen.

In der Frauenkirche

1 Frauenkirche ➡ L8
Frauenplatz 12, S1–8, U3/6: Marienplatz, Tram 19–21: Theatinerstraße
www.muenchner-dom.de
Der weithin sichtbare »Dom zu Unserer Lieben Frau« ist nach dem Alten Peter die zweitwichtigste Kirche der Altstadt. Den Auftrag zu dem mächtigen Backsteinbau erhielt 1486 Meister Jörg von Halspach, genannt Ganghofer, auf Empfehlung des Abtes von Tegernsee. Bis zur Grundsteinlegung stand an dieser Stelle eine sehr viel kleinere romanische Marienkapelle, deren Bauschutt laut Chronik »von den Bürgern jeden Alters und Standes« innerhalb von zehn Tagen weggeräumt wurde. Die Kosten für den Neubau trug übrigens auch zum überwiegenden Teil die Bürgerschaft.

Nach nur achtjähriger Bauzeit konnte die Wölbung geschlossen

Auf dem Marienplatz, dem Zentrum der bayerischen Landeshauptstadt

werden. Für den Dachstuhl mussten allein 2000 Baumstämme, zu 140 Flößen zusammengefügt, die Isar flussabwärts gedriftet werden. Geweiht wurde das himmelstürmende Denkmal Münchner Bürgerstolzes am 14. April 1494.

Wer sich heute ein Bild von der im Krieg fast völlig zerstörten, großartigen Inneneinrichtung machen will, muss nach Freising ins Diözesanmuseum fahren. Auf dem Gemälde von Gail (1861) ist die gotische Pracht zu sehen. Auf diesem Gemälde befindet sich auch das Grabmal für Kaiser Ludwig den Bayern an prominenter Stelle vor dem Hochaltar und nicht wie jetzt im südlichen Seitenschiff. Über dem Aufgang zum Chor hängt heute das 1953 geschaffene große Kruzifix von Henselmann. Zu den wenigen Schätzen der originalen Innenausstattung zählen der Bennoschrein (17. Jh.) in der Bennokapelle und die Figur des St. Christopherus (16. Jh.) in der Kapelle gegenüber. Sehenswert sind die 120 Epitaphien von aufgelassenen innerstädtischen Friedhöfen an der Außenwand.

Herz-Jesu-Kirche ➡ aC/aD4
Lachnerstr. 8 (Neuhausen)
U1/7, Tram 12: Rotkreuzplatz
Der Würfel mit seiner 14 m hohen, blauen Glasfront ist Fremdkörper und Blickfang zugleich. Entworfen vom Architektenbüro Allmann Sattler Wappner entstand die Kirche 1997–2000 anstelle eines 1994 durch einen Brand völlig vernichteten Vorgängerbaus und wird heute oft auch für kulturelle Veranstaltungen mit sakralem Hintergrund genutzt. Die komplette Vorderseite lässt sich anlässlich hoher kirchlicher Feiertage wie ein riesiges Tor öffnen. An den Wänden des schlichten Innenraums sind die Stationen des Kreuzwegs der einzige Schmuck

Ludwigskirche (St. Ludwig) ➡ H9
Ludwigstr. 20
U3/6, Bus 68/153/154: Universität
www.st-ludwig-muenchen.de
Die monumentale Pfarr- und Universitätskirche mit Doppelturmfassade entstand auf Anordnung Ludwigs I. und nach Plänen von Friedrich von Gärtner ab 1829. Ihre hoch aufragenden Türme

bilden einen wichtigen architektonischen Akzent in der streng konzipierten Ludwigstraße. Die farbenprächtigen Chorfenster erzählen die Geschichte des Jüngsten Gerichts. Unübersehbar ist zudem das riesige Wandfresko »Das Jüngste Gericht« von Peter von Cornelius.

St. Michael ➡ L/K7
Neuhauser Str. 6, S1–8, U4/5, Tram 16–21/27/28: Karlsplatz (Stachus)
www.st-michael-muenchen.de
Nach 14-jähriger Bauzeit wurde am 6. Juli 1597 diese erste Renaissancekirche nördlich der Alpen, erbaut nach den Plänen von Friedrich Sustris, geweiht. Zu den außergewöhnlichen architektonischen Details jener Zeit zählt das Tonnengewölbe mit einer Spannweite von 20 m. Zu den Kostbarkeiten der Innenausstattung gehört der gotische Schrein mit den Reliquien der heiligen Ärzte Cosmas und Damian, die zur Zeit der verheerenden Pestepidemien große Verehrung fanden. Beachtenswert ist außerdem der lebensgroße, vital und dennoch mystisch wirkende »Weihwasserengel« aus Bronze. Die Figur war ursprünglich für das Grabmal des Kirchenstifters Herzog Wilhelm V. und seiner Frau Renata gedacht.

In der Fürstengruft unterhalb des Chors sind 41 Angehörige des Hauses Wittelsbach beigesetzt. Zu einer Wallfahrtsstätte hat sich der immer mit frischen Blumen geschmückte Sarkophag Ludwigs II. entwickelt.

Theatinerkirche (St. Kajetan) ➡ K8
Salvatorplatz 2 A
U3–6, Bus 100/153: Odeonsplatz
www.theatinerkirche.de
Nach der glücklichen Geburt ihres Sohns, Erbprinz Max Emanuel, übernahm die gebürtige Italienerin Henriette Adelaide kurzerhand selbst die Bauaufsicht. Da sich unter den bayerischen Baumeistern ihrer Zeit niemand fand, dem sie den Entwurf zu einem Bauwerk von europäischem Rang zutraute, entschied sie sich für Berühmtheiten ihrer Heimat.

Die Fassade der ersten Renaissancekirche nördlich der Alpen: St. Michael in der Neuhauser Straße

Heimstadion des FC Bayern München: Allianz Arena im Münchner Norden

Ein Jahr nach der Geburt des Thronfolgers, also 1663, wurde der Grundstein zu diesem Sakralbau gelegt. Bei der Arbeit zu den Entwürfen für die Kreuzkuppelkirche ließ sich der Barockbaumeister Agostino Barelli von der Architektur der Mutterkirche des Theatinerordens San Andrea della Valle in Rom inspirieren.

Der ganz in Weiß gehaltene Innenraum lässt Vergleiche mit einem Ballsaal zu. Das Licht fällt ungefiltert durch die hohen Fenster der großartigen Kuppel. Der üppige Akanthus-Stuck verleiht dem Raum festliche Beschwingtheit. Seitlich des Altars befindet sich der Zugang zur Fürstengruft der Wittelsbacher.

Architektur und andere Sehenswürdigkeiten

Allianz Arena ➡ aB5
Werner-Heisenberg-Allee 25
U6: Fröttmaning
✆ (089) 69 93 12 22
www.allianz-arena.de
Führungen an veranstaltungsfreien Tagen
Wer sich mit dem Auto von Norden her der Stadt nähert, macht wenige Kilometer vor dem Ende der Autobahn Bekanntschaft mit einem der Superlative der jüngeren Architekturgeschichte. Die Heimstatt der Fußballclubs FC Bayern München verfügt über mehr als 75 000 Plätze bei Bundesligaspielen und rund 69 000 Plätze bei internationalen Spielen. Hinzu kommen 2500 Business- und Pressesitze und 106 Logen mit insgesamt 1374 Sitzen. Das Stadion wurde von dem Architekturbüro Herzog & de Meuron entworfen.

Das Auftaktspiel zur Fußballweltmeisterschaft 2006 in dieser Arena war die Geburtsstunde jener einzigartigen Stimmung, die als »Deutschland ein Sommermärchen« wohl für immer im nationalen Gedächtnis bleiben wird.

Geradezu spektakulär ist die Sicht auf das riesige Stadion ohne Ecken und Kanten, das 2015 mit einer neuen Lichtanlage ausgestattet wurde. Auf einer Fläche von 26 000 Quadratmetern wurden mehr als 300 000 LEDs verteilt. Spielt der FC Bayern, leuchtet die Arena knallrot. Fällt ein Tor, pulsiert sie in Rot und Weiß. Bei einem Länderspiel strahlt das Stadion in Schwarz-Rot-Gold.

Alte Münze ➡ K/L9
Hofgraben 4
S1–8, U3/6: Marienplatz, Tram 19–21: Nationaltheater
Die Alte Münze, seit 1986 Sitz des Bayerischen Landesamts für Denkmalpflege, wurde zwischen 1563 und 1567 als Marstall und Kunst-

kammer im Auftrag von Herzog Albrecht V. zwischen dem Alten Hof und der Residenz errichtet. Im berühmten Arkadenhof dieses Renaissancebaus befand sich bis zu Beginn des 19. Jh. der Marstall des jeweiligen Regenten. Im zweiten Obergeschoss hatte sich der vielseitig gebildete Albrecht V. seine umfangreiche Bibliothek und eine damals typische »Kunst- und Wunderkammer« einrichten lassen.

Bavaria Filmstadt ➡ aF4
Bavariafilmplatz 7
82031 Geiselgasteig
Tram 25: Bavariafilmplatz
✆ (089) 64 99 20 00
www.filmstadt.de
Das Hollywood der Isar liegt im Villenvorort Grünwald. Auf dem 32 ha großen Gelände haben schon Billy Wilder, Alfred Hitchcock und Orson Welles, aber auch Rainer Werner Fassbinder und Bernd Eichinger gedreht. Hier entstanden so berühmte Streifen wie »Das Boot« oder »Die Manns« sowie beliebte Serien wie »Marienhof« und »Sturm der Liebe«. Im Verlauf einer spannenden Führung werden zahlreiche Kulissen und Original-Requisiten gezeigt. Außerdem kann ein 4-D-Erlebniskino besucht werden.

Bayerische Staatsbibliothek ➡ H9
Ludwigstr. 16
U3/6, Bus 68/153/154: Universität
www.bsb-muenchen.de
Die vier Sitzfiguren (Homer, Aristoteles, Hippokrates und Thukydides) auf der Freitreppe sind nicht zu übersehen. Im Rahmen der Bauarbeiten an der Ludwigstraße wurde Friedrich von Gärtner mit den Entwürfen zu diesem Hort der Wissenschaft beauftragt, 1832 war Grundsteinlegung. Bedingt durch akuten Geldmangel konnte der Bau erst 1843 eingeweiht werden.

Sehenswert ist das großzügige, wiederhergestellte Treppenhaus, das an die Scala dei Giganti im Dogenpalast von Venedig erinnert. Hervorgegangen aus der Bibliothek Albrechts V. gehört sie mit ihrem Bestand von derzeit über 10 Mio. Bänden, darunter einzigartige Kostbarkeiten, zu den größten international gerühmten Sammlungen.

BMW Welt ➡ A5
Am Olympiapark 1
U3, Bus 173: Olympiazentrum
✆ (089) 125 01 60 01
www.bmw-welt.com
Eintritt frei
Mit dem Bau seines Erlebnis- und Auslieferungszentrums hat der Autobauer BMW einen architektonischen Coup der extravaganten Art gelandet. Der Entwurf zu dem lang gestreckten Komplex gigantischen Ausmaßes mit dem schwungvollen Doppelkegel als Eyecatcher stammt aus dem Wiener Büro Coop Himmelb(l)au und gehört noch immer zum Spektakulärsten, was München zum

Blick auf das Nationaltheater

Architektonischer Blickfang: der Doppelkegel der BMW-Welt

Thema zeitgenössische Architektur zu bieten hat. Die »Kathedrale des Automobils« steht am Rand des Ensembles Olympiapark, nahe beim berühmten Vierzylinder (BMW-Verwaltungsbau) und dem BMW-Museum.

Der trotz seiner Größe filigran wirkende Doppelkegel ist eine überzeugende architektonische Antwort auf die schwungvollen Dachkonstruktionen der Olympia-Sportstätten in Sichtweite. In der BMW-Welt wird nicht nur die Auslieferung neuer Autos inszeniert. Für Essen und Trinken sorgen vier Lokalitäten mit sowohl preislich als auch qualitativ unterschiedlichem Angebot.

Cuvilliés-Theater
(Altes Residenztheater) ➡ K9
Residenzstr. 1
U3–6, Bus 100/153: Odeonsplatz
✆ (089) 29 06 71
www.residenz-muenchen.de
Das Theater ist unabhängig von der Residenz zu besichtigen

Zu ihrem 850. Geburtstag im Jahr 2008 konnte die Stadt ihren Bürgern dank des großzügigen Spendenaufkommens vieler vermögender Mitbürger und Firmen und eines erheblichen Betrags aus dem Steuersäckel die vierte Wiedereröffnung des traditionsreichen Theaters nach einer grundlegenden Renovierung schenken.

Die spannende Baugeschichte des Hauses in Stichworten: 1751 gibt der feinsinnige Ästhet und anerkannte blaublütige Komponist Max III. Josef den Bau eines Hoftheaters an der Stelle des heutigen Residenztheaters am Max-Joseph-Platz in Auftrag. Den Zuschlag bekommt der begnadete François de Cuvilliés. 1753 findet die Einweihung dieses nur dem Hof vorbehaltenen Rokokokleinods statt. 1831 muss das Theater wegen Baufälligkeit geschlossen werden, zwischen 1856 und 1857 wird die Rokokoausstattung grundlegend renoviert und die zweite Wiedereröffnung begangen.

In den Wirren des Zweiten Weltkriegs entschließt man sich 1943/44 in weiser Voraussicht zur Auslagerung sämtlicher kostbarer Schnitzereien. Danach geht das

Die perfekte Welle weit weg vom Meer erwischen: Eisbach-Surfer am Haus der Kunst im Süden des Englischen Gartens

Theater im Bombenhagel restlos unter. Anlässlich der 800-Jahr-Feier der Stadt wagt man den Wiederaufbau dieser beeindruckenden Raumschöpfung. Nun wird es aber nicht an seinem angestammten Platz neben dem Nationaltheater wieder errichtet, sondern innerhalb der Residenz. Hoch motiviert stemmen die Kunsthandwerker in einem Zeitraum von nur zwei Jahren dieses Wunder.

1958 konnte dann dem staunenden Publikum das nun jedermann zugängliche und weltweit einzigartige Architekturdenkmal präsentiert werden. Damals wie heute war es der Großzügigkeit privater Spender zu verdanken, dass die rückblickend lächerliche Summe von 4 Mio. D-Mark zusammenkam. Zum Vergleich: Die letzte Sanierung des Cuvilliés-Theaters von 2005 bis 2009 kostete 24,5 Mio. Euro.

9 Englischer Garten ➡ E–J10/11
U3/6 Universität, Tram 16 Paradiesstraße, Bus 100: Haus der Kunst
Weltweit zählt diese Parkanlage zu den größten ihrer Art – sie ist sogar größer als der Central Park in New York. Sie beginnt an der Prinzregentenstraße hinter dem Haus der Kunst und zieht sich über eine Länge von gut 5 km Richtung Norden bis zur Gaststätte »Aumeister«, bevor sie in die sogenannten Isarauen übergeht, die sich weiter Kilometer um Kilometer Richtung Freising fortsetzen.

Nach dem Vorbild eines englischen Landschaftsgartens lässt Kurfürst Karl Theodor das Jagdgelände der Wittelsbacher 1789 zu einem öffentlichen Park umgestalten. Beauftragt wird der US-Amerikaner Benjamin Thompson, besser bekannt als Graf Rumford, der, nachdem er das bayerische Heer reformiert hat, den beim Volk unbeliebten Herrscher zu diesem Schritt überreden kann. Im Laufe der Zeit wird der Englische Garten mehrfach erweitert oder verändert. So lässt Freiherr von Werneck, der Nachfolger Rumfords, den Kleinhesseloher See anlegen. Sein 15 m hoher Aushub wird erst Jahre später (1837/38) mit dem Monopteros nach Plänen von Leo von Klenze bekrönt.

Zu den brutalsten Eingriffen in die Parkanlage gehört der Bau des **Hauses der Kunst** mit seiner monumentalen Säulenfront. In Auftrag gegeben von den Nationalsozialisten wurde das Museum 1937 als »Haus der Deutschen Kunst« mit der Ausstellung »Entartete Kunst« von Hitler persönlich eröffnet. Heute werden die Säle für große Ausstellungen genutzt.

Egal ob Sommer oder Winter, der Englische Garten ist Teil des viel besungenen Münchner Lebensgefühls. Je nach Wetter haben die Biergärten geöffnet, wobei der Chinesische Turm unbestritten der bekannteste Treffpunkt ist. An den Wochenenden spielt im ersten Stock des Holzturms eine Blaskapelle. Ein fantastischer Panoramablick auf die Silhouette der Stadt bietet sich von der Plattform des klassizistischen Monopterus.

Von der Brücke rechts neben dem Haus der Kunst kann das dicht gedrängte Publikum die Eissurfer bei jedem Wetter bei ihrem **Ritt auf der stehenden Welle** beobachten. Und wer an einer japanischen Teezeremonie teilnehmen möchte, kann dies während der Sommermonate an jedem zweiten Wochenende im japanischen Teehaus unterhalb der Rückfront des Hauses der Kunst tun (www.urasenke-muenchen.de).

Justizpalast ➡ K6
Prielmayerstr. 7, S1–8, U4/5, Tram 16–21, 27/28: Karlsplatz (Stachus)
www.justiz.bayern.de
Der schlossähnliche Monumentalbau am Stachus wurde nach Plänen von Friedrich von Thiersch 1897 gebaut und gilt in Fachkreisen mit seiner verschwenderischen Innenausstattung als eine der bedeutendsten Architekturschöpfungen der Gründerzeit. Nach mehrfachen Zerstörungen während des Zweiten Weltkriegs wurde auch dieser Repräsenta-

Biergarten am Chinesischen Turm im Englischen Garten

tionsbau von bewusst geplanter, einschüchternder Größe mit viel Liebe zum Detail immer wieder aufwendig restauriert. Zu den sehenswerten Details zählt die mächtige Glas-Eisen-Kuppel, bekrönt von einer grazilen Justitia. Von monumentalen Ausmaßen ist die Zentralhalle unter der 66 m hohen Kuppel mit ihrer prächtigen Treppenanlage.

Kammerspiele ➡ L9
Maximilianstr. 26–28
Tram 19–21: Kammerspiele
✆ (089) 23 39 66 00
Das einzige Jugendstiltheater Deutschlands kann nur im Rahmen einer Vorstellung besichtigt werden. Ab 1900 entstand dieses architektonische Kleinod mit der damals modernsten Bühnentechnik nach Entwürfen von Richard Riemerschmid. Der festliche, in warmem Rot gehaltene Zuschauerraum wird von einer lichtgrünen Decke überwölbt, die durch ihre kleinteilige Ornamentierung und die zahllosen tropfenförmigen Lichtquellen dem Raum die für die Zeit so typische Beschwingtheit verleiht. Ein Bummel durch die Foyers, Garderobengänge und die Kassenhalle während der Pause ist unbedingt zu empfehlen.

Erbaut im griechischem Stil: die Propyläen auf dem Königsplatz

Königsplatz ➡ J6
U2/8, Bus 100: Königsplatz
Mit dem Bau der großartigen Platzanlage betraut Ludwig I. schon als Kronprinz seinen späteren Lieblingsarchitekten, den Niedersachsen Leo von Klenze, den er 1816 nach München kommen lässt. Zwei Jahre später kürt er ihn zum Hofbauintendanten und gleichzeitig zum Oberbaurat im Staatsministerium. Als Erstes wird die **Glyptothek** für die erst 1811 ausgegrabenen Giebelfiguren von der Insel Ägina hochgezogen. 1838 folgt das Gegenstück, die **Staatlichen Antikensammlungen**, an der Südseite des Platzes. Mit den **Propyläen** setzt der Monarch der bayerischen Armee im griechischen Freiheitskampf und seinem Sohn König Otto von Griechenland ein Denkmal.

Die Nationalsozialisten gestalteten den Platz radikal um. Sie belegten die begrünte Fläche vollständig mit zentnerschweren Platten und nutzten den Ort für ihre Massenaufmärsche. Beiderseits der Zufahrt von der Luisenstraße wurden die Ehrentempel für die Toten des Marsches auf die Feldherrnhalle errichtet, die dann 1947 von den Alliierten gesprengt wurden. Jahrzehntelang waren die von Unkraut überwucherten Fundamente deutlich auszumachen. Nun steht direkt daneben das **NS-Dokumentationszentrum** (vgl. S. 34 f.), das am 30. April 2015 eröffnet wurde.

Ludwig-Maximilians-Universität ➡ G/H9
Geschwister-Scholl-Platz 1
U3/6, Bus 68/153/154: Universität
Den Bauauftrag für diesen dreiflügeligen Komplex erteilt König Ludwig I. Friedrich von Gärtner. Der Grundstein zur LMU, seit 2006 Elite-Universität, wurde 1835 gelegt. Sehenswert ist der riesige Lichthof, der durch die Aktion der Geschwister Scholl weit über die

Scheinbar schwerelos: die Acryl-Glas-Konstruktion des Olympiaparks

Grenzen Münchens Berühmtheit erlangte. Von der Galerie warfen sie 1943 die Flugblätter.

Müller'sches Volksbad ➡ M10
Rosenheimer Str. 1
S1–8: Rosenheimer Platz, Tram 16: Isartor
www.swm.de
Das Jugendstilbad mit Turm und Kuppel gegenüber dem Deutschen Museum ist nach wie vor eines der schönsten Hallenbäder Europas. Nach den Plänen des Architekten Karl Hocheder gebaut, finanzierte der Ingenieur Karl Müller diesen Wellnesspalast, wie man heute zu sagen pflegt, und schenkte ihn 1901 den Bürgern der Stadt. Mit seiner Schwimmhalle unter dem großartigen Tonnengewölbe, dem irisch-römischen Schwitzbad, den im Original erhaltenen Umkleidekabinen aus Holz und seinen herrlichen Jugendstillampen ist das Bad ein seltenes Juwel seiner Zeit.

⑩ Olympiapark ➡ A/B3/4
Spiridon-Louis-Ring 21
U3, Bus 173: Olympiazentrum, Tram 20/21: Olympiapark West
✆ (089) 306 70
www.olympiapark.de
Die XX. Olympischen Spiele 1972 bescherten der Stadt nicht nur die erste U-Bahn-Linie, sondern auch die immer noch faszinierende Zeltdachkonstruktion. Die weitläufige Sport- und Erlebnisstätte entstand auf dem einstigen Exerziergelände am Rand eines nach dem Zweiten Weltkrieg aufgetürmten Schuttbergs. Mit der Acryl-Glas-Konstruktion, die sich über drei Sportstätten schwingt, gelang dem Architektenteam Behnisch und Partner ein Wurf, der noch heute Maßstäbe setzt.

④ Residenz ➡ K8/9
Residenzstr. 1
U3–6, Bus 100/153: Odeonsplatz, Tram 19–21: Nationaltheater
✆ (089) 29 06 71
www.residenz-muenchen.de

Krone in der Schatzkammer der Residenz

Kombikarte Museen und Schatzkammer, ggf. auch mit Cuvilliés Theater
Sämtliche Prunkräume der Residenz aus der Renaissance, dem Rokoko, dem Klassizismus und Historismus kann man besichtigen. Über Jahrhunderte hinweg war die Residenz Hauptwohn- und Regierungssitz der Herrscher aus dem Hause Wittelsbach, seit dem 17. Jh. als Kurfürsten und 1806–1918 als Könige in Bayern. Es ist eines der bedeutendsten Schlossmuseen Europas. Die kostbare Einrichtung (Mobiliar, Gemälde, Bildteppiche, Skulpturen, Schatzkunst und mehr) befindet sich immer noch in den Räumen, für die sie einst geschaffen wurde.

In der **Schatzkammer** sind Kronen und Juwelen sowie außergewöhnliche Arbeiten des Goldschmiedehandwerks, insgesamt rund 1200 Einzelstücke, ausgestellt.

Nach der Zerstörung im Zweiten Weltkrieg und ihrem Wiederaufbau besteht die Residenz aus zehn Höfen und 130 Räumen sowie der 8 **Allerheiligen-Hofkirche** und dem herrlichen Cuvilliés-Theater. Anlässlich großer Staatsempfänge werden einige Räumlichkeiten, wie das Theater oder das Antiquarium, zu Repräsentationszwecken genutzt.

Durch den großen Torbogen am Max-Joseph-Platz betritt der Besucher den südlichen Trakt des großes Komplexes. Die baufreudigen Wittelsbacher sind von jeher dafür bekannt, dass sie die jeweils berühmtesten Künstler ihrer Epoche für ihre Bauten verpflichteten. So entstand hier im Laufe der Jahrhunderte während der sechs großen Bauphasen ein architektonisches Gesamtkunstwerk von europäischem Rang, in dem von der Renaissance bis zum kühlen Klassizismus alle Stilrichtungen vertreten sind. Ohne Einschränkung darf der Wiederaufbau der Palastanlage als ein Wunder der Nachkriegszeit bezeichnet werden. Als Glücksfall erweist sich der Umstand, dass vor der Auslagerung vieler kostbarer Teile der Innenausstattung während des Krieges eine lückenlose fotografische Bestandsaufnahme der Raumfluchten angefertigt wurde. Und so waren es genau diese Fotos, die zusammen mit den historischen Bauplänen aller Bauphasen das Mammutunternehmen Wiederaufbau nach dem Zweiten Weltkrieg möglich machten.

Wer alle Räume der innerstädtischen Schlossanlage mit etwas Muße besichtigen will, sollte einen Tag einplanen.

Ende des 14. Jh. verlegten die Wittelsbacher ihren Wohnsitz vom Alten Hof in die sogenannte Neuveste, eine ganz normale mittelalterliche Wehranlage durchschnittlicher Größe, umgeben von einem Wassergraben, an der äußersten Nordost-Ecke der heutigen Anlage. Die Grundrisslinien dieses ersten Baus sind noch im Apothekerhof zu sehen. Erst 200 Jahre später gibt der kunstbesessene Herzog Albrecht V. das damals frei stehende Antiquarium für seine Privatsammlungen in Auftrag. Mit einer Länge von 69 m entsteht der bedeutendste Profanbau der Renaissance in Deutschland, der zudem der erste Museumsbau nördlich der Alpen ist.

Als Nächster verausgabt sich Albrechts Sohn, Herzog Wilhelm V., ab 1580 mit Zusatzbauten wie dem Witwen- und Erbprinzentrakt sowie einem Ballsaal, dem Schwarzen Saal und dem Grottenhof.

Maximilian I., der Sohn Wilhelms V., lässt als erster Wittelsbacher Kurfürst mit ausreichend finanziellen Mitteln trotz des Dreißigjährigen Kriegs in großem Stil weiterbauen. Entlang der Residenzstraße entsteht die eindrucksvolle Schauseite der Palastanlage. Hinzu kommen Kaiserhof, Residenzturm und Apothekerhof.

Die vierte Bauphase unter Karl Albrecht (1726–45) und Max III. Joseph (1745–77) ist nach dem Abriss der letzten Reste der Alten Burg von weiteren Erweiterungsbauten wie den Reichen Zimmern, der Grünen Galerie und dem berühmten Cuvilliés-Theater gekennzeichnet. Die ebenerdige Ahnengalerie und vor allem die Grüne Galerie sowie das Cuvilliés-Theater gelten neben Schloss Amalienburg im Nymphenburger Park weltweit als unübertroffene Meisterwerke der überwältigenden Schöpfungskraft des François de Cuvilliés.

Nach dem überschwänglichen Formenreichtum des Rokoko hält mit der fünften und letzten Bauphase im 19. Jh. unter König Ludwig I. der kühle Klassizismus Einzug in die Residenz. Es entstehen u. a. das Nationaltheater, die Hofkirche und der Königsbau mit den Nibelungensälen.

Stilvoll: zur »Blauen Stunde« im Kaiserhof der Residenz

Die Parkanlagen bei Schloss Nymphenburg

6 Schloss Nymphenburg

➡ bB/bC3/4

Tram 17, Bus 51/151: Schloss Nymphenburg
✆ (089) 17 90 80
www.schloss-nymphenburg.de

Das **Marstallmuseum** ist im Südflügel des Schlosses untergebracht. In der ehemaligen Hofwagenburg der Kurfürsten und Könige stehen Prunkkarossen und Schlitten. Zu sehen ist außerdem die Bildergalerie der schönsten Pferde König Ludwigs II.

Prunkkutsche Ludwig II., einer der Schätze im Marstallmuseum

Im **Museum Nymphenburger Porzellan** im Obergeschoss des Marstallmuseums ist die lückenlose Produktion der Nymphenburger Porzellanmanufaktur von 1747 bis in die 1920er Jahre ausgestellt.

Schnurgerade verläuft der Nymphenburger Kanal auf den Zentralbau der einstigen Sommerresidenz der Wittelsbacher zu. Kurfürst Ferdinand Maria dankte mit diesem Barockbau seiner Frau Henriette Adelaide 1662 für die Geburt des lang ersehnten Thronerben. Im Laufe der Jahrhunderte fügten dann Generationen von Wittelsbachern an den filigran wirkenden Mitteltrakt Galeriebauten und die über Eck gestaffelten Pavillons hinzu.

Die Schaufront zur Stadt hin öffnet sich zu einem Ehrenhof mit einem aus Kavaliershäusern bestehenden Halbrund. Eine zweiläufige Treppenanlage führt vom Ehrenhof direkt in den Steinernen Saal, für dessen Architektur Enrico Zuccalli und Joseph

Effner verantwortlich zeichnen. Für das heitere Deckenfresko – eine Allegorie der glücklichen Ehe Max III. Joseph mit Maria Anna Sophie von Sachsen – stieg der schon 76-jährige Johann Baptiste Zimmermann noch einmal auf die Leiter. Zu den bekanntesten Sehenswürdigkeiten zählt die **»Schönheitengalerie« Ludwigs I.** aus dem 19. Jh.: 36 Frauen aus Aristokratie und Bürgertum schickte der königliche Schwerenöter seinem Hofmaler Joseph Stieler ins Atelier.

Der Spaziergang durch den rund 200 ha großen **Park** ist obligatorisch. Zu den aus kunsthistorischer Sicht überragenden Bauwerken zählt die **Amalienburg**. Das zartrosa *Maison de plaisance* liegt versteckt im englischen Teil des Parks. Es ist ein Geschenk des Kurfürsten Karl Albrecht an seine Frau Maria Amalie. Mit diesem Rokoko-Kunstwerk von europäischem Rang erschuf François de Cuvilliés 1734 nach den Reichen Zimmern und dem nach ihm benannten Theater ein weiteres Denkmal seiner Unsterblichkeit. In der Badenburg, nur wenige Schritte von der Amalienburg entfernt, sollen die »Hoheiten« ab 1718 unter den Augen der Zuschauer auf der Galerie ihren leicht frivolen Badefreuden gefrönt haben. Auf der gleichen Höhe, nur auf der anderen Seite des Parks, steht die Pagodenburg. Sie wurde wie die Badenburg zwischen 1716 und 1719 nach den Plänen von Joseph Effner gebaut. Die Wände des Gartenpavillons sind mit kostbaren holländischen Kacheln versehen.

SeaLife München
Vgl. S. 77 f.

Siegestor ➡ G9
Ludwigstr.
U3/6, Bus 68/153/154: Universität
Zu Ehren des bayerischen Heeres betraute Ludwig I. seinen Lieblingsarchitekten Friedrich von Gärtner mit dem Entwurf zu diesem Triumphbogen nach dem Vorbild des Konstantinsbogens in Rom. Die Bavaria in der Löwenquadriga wurde erst im Jahr 1852 hinzugefügt.

Lemuren im Tierpark Hellabrunn

Tierpark Hellabrunn ➡ aE4
Tierparkstr. 30
U3, Bus 52: Thalkirchen (Tierpark, Alemannenstr.), Tram 25: Tiroler Platz
✆ (089) 62 50 80
www.hellabrunn.de
Der Münchner Tierpark wurde 1911 eröffnet. Er liegt im Landschaftsschutzgebiet der Isarauen. Zu den architektonischen, denkmalgeschützten Attraktionen zählen u. a. das Elefantenhaus von 1914 und die Großvoliere unter dem UV-transparenten Dach.

Die »Welt der Affen« wurde erst neu gestaltet. Zudem wird viel Wert auf heimische Biodiversität und die Wechselwirkung zwischen Tieren, Pflanzen und Umwelt gelegt. (vgl. auch S. 77). ■

Übernachten

Die Hotel- und Pensionendichte in der bayerischen Landeshauptstadt kann sich sehen lassen, und das nicht nur im Stadtzentrum. Mit rund 95 000 Betten in mehr als 450 Unterkünften ist die Auswahl groß. Wer einen Besuch zum Oktoberfest plant, sollte sein Zimmer bereits Monate (besser schon ein Jahr) zuvor buchen. Doch auch dann muss mit hohen Tarifen gerechnet werden. Kleine Hotels und Pensionen finden sich in den Stadtteilen Schwabing, Glockenbach, Giesing und Haidhausen. Tipp: Auch im Umland (S-Bahn-Bereich) finden sich Unterkünfte, oft wesentlich günstiger und dennoch ist die Innenstadt in rund 30 Minuten per Bahn erreichbar.

Die angegebenen Preiskategorien gelten für ein Doppelzimmer im Zentrum.

€ – unter 160 Euro
€€ – 160 bis 300 Euro
€€€ – über 300 Euro

Bayerischer Hof ➔ K7/8
Promenadeplatz 2–6
Innenstadt
S1–8, U3/6, Tram 19–21: Marienplatz
✆ (089) 212 00
www.bayerischerhof.de

Atrium im Hotel Bayerischer Hof

Spitzenhotel in zentraler Innenstadtlage. Das Haus bietet nicht nur seinen weltweit prominenten Gästen allen nur denkbaren Komfort. €€€

Hotel an der Oper ➔ K/L9
Falkenturmstr. 10
Innenstadt
Tram 19–21: Nationaltheater oder Kammerspiele
✆ (089) 290 02 70
www.hotelanderoper.com
Da es mitten im historischen Zentrum liegt, kann man von dem relativ kleinen, noblen Hotel aus den gesamten Stadtkern zu Fuß erlaufen. €€€

Hotel am Markt ➔ L8
Heiliggeiststr. 6, Innenstadt
S1–8, U3/6: Marienplatz
✆ (089) 22 50 14
www.hotel-am-markt.eu
Boutiquehotel am Viktualienmarkt. Schlichtes, funktionales Design in einem historischen Stadthaus mitten in der Altstadt. Der Marienplatz und das Hofbräuhaus sind direkt um die Ecke. €€

25hours The Royal Bavarian ➡ K6
Bahnhofsplatz 1, Innenstadt
S 1–8, U1/2/4/5/7/8: Hauptbahnhof
✆ (089) 904 00 10
www.25hours-hotels.com
Liebevoll ausgestattetes Konzepthotel. Eine Oase (mit Schallschutzfenstern) im lauten Bahnhofsviertel. Mit tollem orientalischem Restaurant »Neni«. €–€€

Ars Vivendi ➡ aD4
Anglerstr. 19
U-Bahn 4, 5: Schwanthaler Höhe
✆ (089) 508 07 00
www.hotel-ars-vivendi.de
Das einfache 3-Sterne-Hotel liegt oberhalb der Theresienwiese. Wer also frühzeitig zum Oktoberfest bucht, kann sich von hier aus nach einem kurzen Spaziergang ins Getümmel stürzen. €–€€

Fleming's ➡ K5
Bayerstr. 47, Innenstadt
S1–8, U1/2/4/5/7/8: Hauptbahnhof
✆ (089) 444 46 60
www.flemings-hotels.com
Das 4-Sterne-Hotel liegt schräg gegenüber vom Bahnhof und nur wenige Minuten vom Stachus entfernt. Das Hotel verwöhnt seine Gäste mit einer hochwertigen Ausstattung von innovativer Eleganz und einer wohltuend gediegenen Atmosphäre. €–€€

Hotel Isartor ➡ M9
Baaderstr. 2–4
Innenstadt
S1–8, Tram 16/17: Isartor
✆ (089) 216 33 40
www.hotel-isartor.de
Sowohl das Deutsche Museum als auch der Marienplatz sind von diesem zentral gelegenen modernen Stadthotel gut zu Fuß zu erreichen. €–€€

Hotel Uhland ➡ M4/5
Uhlandstr. 1, Westend
U4/5: Theresienwiese
✆ (089) 54 33 50
www.hotel-uhland.de

Die mächtige »Bavaria« oberhalb der Theresienwiese

Ein kleines, komfortables Hotel oberhalb der Theresienwiese. Für Stadtausflüge bietet sich die U-Bahn an, die nur wenige Schritte vom Haus entfernt ist. €–€€

Mariandl ➡ M5
Goethestr. 51
Ludwigsvorstadt
U3/6: Goetheplatz, Bus 58: Beethovenplatz
✆ (089) 552 91 00
www.mariandl.com
Ein kleines, liebenswertes, besonderes Hotel mit hauseigenem Café und Restaurant. Die mit Antiquitäten eingerichteten Zimmer bieten ihren Gästen ein ganz spezielles Flair. An Wochenenden kann man hier bis 16 Uhr frühstücken und das ständig wechselnde Musikprogramm (viel Jazz, aber auch Klassik) lockt seit Jahren ein enthusiastisches Stammpublikum an. €–€€

New Orly ➡ westl. H3
Gabrielenstr. 6, Neuhausen
U1: Maillingerstraße, Bus 53/63/153: Schlörstraße
✆ (089) 12 10 60
www.hotelneworly.de

Das berühmte Glockenspiel im Turm des Neuen Rathauses

Verkehrsgünstig parallel zur Nymphenburger Straße gelegen. Mit gutem Steak-Restaurant. Das Oktoberfest ist mit der Tram ab Marsstraße nur zwei Stationen entfernt. €–€€

Citadines Arnulfpark
➡ westl. J3
Arnulfstr. 51, Maxvorstadt
S1–8: Hacker- oder Donnersbergerbrücke, dann mit Tram 16/17 bis Marsstraße
✆ (089) 940 08 00, all.arcor.com
Studios und Apartments mit voll ausgestatteter Kochnische in Top-Lage. Ein Supermarkt ist zwei Minuten entfernt. Frühstück kann zugebucht werden. Das Oktoberfest ist zu Fuß in 15 Minuten erreichbar, die Innenstadt in fünf Minuten mit der Tram. €

das HOTEL in München ➡ H8
Türkenstr. 35, Schwabing
Tram 27/28, Bus 100: Pinakotheken/Brandhorst
✆ (089) 288 14 00
www.das-hotel-in-muenchen.de
Mitten im quirligen Univiertel mit hoher Lokaldichte gelegen. Die Pinakotheken, das Museum Brandhorst sowie die Altstadt sind zu Fuß erreichbar. €

Hotel Drei Löwen ➡ L6
Schillerstr. 8, Innenstadt
S1–8, U1/2/4/5/7/8: Hauptbahnhof
✆ (089) 55 10 40
www.hotel3loewen.de
Das Traditionshotel in unmittelbarer Nähe des Hauptbahnhofs liegt nicht unbedingt in der feinsten Gegend, aber das Preis-Leistungs-Verhältnis stimmt. Alle Sehenswürdigkeiten lassen sich bequem zu Fuß erreichen. €

Motel One ➡ M7
Herzog-Wilhelm-Str. 28, Altstadt
U1–3, 6–8, Tram 16–18/27/28: Sendlinger Tor
✆ (089) 51 77 72 50
www.motel-one.com
Design-Hotel zum günstigen Preis in Top-Lage am Rande der Altstadt. Komfortable Zimmer ohne viel Schnickschnack. Bei der Deko in der Lobby und im Frühstücksbereich dreht sich alles um den Märchenkönig Ludwig II. €

Pension Seibel ➡ M8
Reichenbachstr. 8
Altstadt
U1/2/7/8: Fraunhoferstraße, Tram 16, Bus 62/132/154: Reichenbachstraße
✆ (089) 231 91 80
www.seibel-hotels-munich.de
Familiengeführte Pension in ausgezeichneter Lage, nahe dem Viktualienmarkt. Einrichtung im Landhaus-Stil. In der Nähe finden sich unzählige Cafés, Bars und Restaurants. €

Smart Stay Hotel Station ➡ K6
Schützenstr. 7
Innenstadt
S1–8, U 1/2/4/5/7/8: Hauptbahnhof
✆ (089) 552 52 10
www.smart-stay.de
Preisgünstiges Hotel in Bahnhofsnähe. Einfache Ausstattung, aber perfekter Ausgangspunkt für Touren. Selbst das Frühstück ist hier mit unter € 10 ungewöhnlich günstig. €

Bed & Breakfast
www.bedandbreakfast.de/muenchen
Unter dieser Webadresse finden Sie Apartments und Ferienwohnungen ab zwei Tagen zu zivilen Preisen.

Campingplatz am Langwieder See ➡ aB2
Eschenriederstr. 119
✆ (089) 864 15 66
www.camping-langwieder-see.de
Ganzjährig geöffnet
Der idyllische Campingplatz im Nordwesten Münchens liegt inmitten von Wald und Feld direkt am Langwieder See. ■

Essen und Trinken
Restaurants, Cafés, Brauhäuser, Biergärten

Bayern ist bekannt für seine deftige Küche. Natürlich wird auch hier nicht überall der Knödel in Handarbeit hergestellt und der geliebte Schweinsbraten gart häufig auch nicht mehr stundenlang im »Rohr«, sondern wird vorgefertigt fix in die Mikrowelle geschoben. Dennoch, wer es bodenständig mag, ist mit einem Besuch in einer der großen Traditionsgaststätten gut beraten.

Neben der bayerischen Küche unterschiedlichster Kategorie verwöhnen die Spitzenköche der Edellokale ihre Gäste mit den ausgefallensten Kreationen. Vegane Lokale gibt es immer mehr und sogar Traditionsgaststätten haben auch rein pflanzliche Spezialitäten auf der Speisekarte. Zwischen Hauptbahnhof und Stachus, zwischen Stachus und Sendlinger Tor sowie im Univiertel (Türken-, Schellingstraße) ist die Auswahl an günstigen Imbisslokalen groß.

Zu den beliebtesten Einrichtungen der Stadt zählen während der warmen Jahreszeit die Biergärten. Statt zu Hause auf dem Balkon zu Abend zu essen, packt man die »Schmankerl« inklusive Geschirr und Tischtuch in den Korb und begibt sich an einen der Tische unter mächtigen Kastanien. Vor Ort besorgt man sich dann nur noch ein Bier. Wer es einfacher haben will, kann sich auch an einem der Verkaufsstände eine typische Brotzeit – allerdings meist zu überhöhten Preisen – zusammenstellen.

Die folgenden Preiskategorien gelten jeweils für ein Hauptgericht ohne Getränk. Viele Restaurants bieten um die Mittagszeit Sonderpreise an.

€ – bis 15 Euro
€€ – 15 bis 40 Euro
€€€ – über 40 Euro

Restaurants, Cafés

Innenstadt:

Pfistermühle ➡ L9
Pfisterstr. 4, Altstadt
S 1–8, U3/6: Marienplatz
✆ (089) 23 70 38 65
www.pfistermuehle.de

Im Gewölbe einer alten Mühle aus dem 16. Jh. wird bayerische Spitzenküche, natürlich mit besten regionalen Zutaten, serviert. Bei schönem Wetter speist man im lauschigen Hof. Mittags gibt es ein erschwingliches Menü mit vier kleinen Gängen, auch vegetarisch. €€–€€€

Willkommen im Bier-Himmel: Trachtler im Biergarten

Von Weißwürsten und anderen Schmankerln

Auszogne – Tellergroße Hefeteigscheiben, die schwimmend in Öl ausgebacken werden und mit Puderzucker bestreut zum Nachtisch oder zum Kaffee serviert werden

Blaukraut – Rotkohl

Brezn – Brezel

Dampfnudeln – Faustgroße Hefeknödel, die in Milch und Butter gedämpft werden und mit Vanillesauce auf den Tisch kommen

Datschi – Hefe- oder Mürbeteigblechkuchen, dicht belegt mit Zwetschgen (Pflaumen)

Fleischpflanzerl – Frikadelle, Bulette

Haxn – gebratene Schweinshaxe

Kaisersemmel – sechsfach eingeschnittenes Brötchen

Krautwickel – Kohlroulade

Leberkäs – Er besteht zu gleichen Teilen aus fein zerkleinertem Schweine- und Kalbfleisch und wird mit Eiern, etwas Mehl und Gewürzen in einer Form gebacken.

Obazda – Brotaufstrich aus einer Mischung aus Camembert, Butter, Kümmel, Paprika und gehackten Zwiebeln

Presssack – Schwartenmagen mit Essig und Öl

Radi – Rettich. Er gehört unbedingt in den Korb für den Biergarten. Könner schneiden ihn mit dem Messer zu einer Spirale, die dann kräftig mit Salz bestreut wird. Er wird »weinend« gegessen.

Radler – Bier mit Zitronenlimonade (auch »sauer« mit Mineralwasser)

Reiberdatschi – Kartoffelpuffer

Russn – Weizenbier mit weißer Zitronenlimonade

Schwammerl – Pilze

Steckerlfisch – Auf einem Stock aufgespießte, über Holzkohle gebratene Makrelen

Tellerfleisch – Die Qualität dieses Gerichts gilt als Visitenkarte eines Lokals: Zartes Rindfleisch, in einer kräftigen Brühe weich gekocht, wird auf einem Holzteller mit Meerrettich und scharfem Senf serviert.

Wammerl – Frisches, geräuchertes, fettes Bauchfleisch, kommt meistens mit Kraut und Knödel auf den Tisch

Weißwurst – Sie wird aus Kalbsbrät, Schweineschwarten, Zwiebeln und Petersilien hergestellt und mit Brezn und süßem Senf serviert.

Weißwürste, serviert mit süßem Senf

Kulisse ➡ L9
Maximilianstr. 26
Tram 19/21: Kammerspiele
✆ (089) 29 47 28
www.kulisse-restaurant.de
Man trifft sich vor und nach den Vorstellungen in den Kammerspielen im selben Haus zu einer kleinen Mahlzeit (rechtzeitig reservieren!). Tagsüber lässt sich je nach Jahreszeit vor oder hinter den großen Scheiben genüsslich das Treiben auf Münchens Prachtboulevard beobachten. €–€€

Park Café ➡ K6
Sophienstr. 7
S1–8, U4/5, Tram 16–21, 27/28: Karlsplatz (Stachus)
✆ (089) 51 61 79 80
www.parkcafe089.de
Nur wenige Schritte vom Stachus entfernt liegt am Rand des alten Botanischen Gartens dieses stilvolle Gartenlokal, das sich vor allem an warmen Tagen für eine entspannende Pause anbietet. €–€€

Pfälzer Residenz Weinstube ➡ K8
Residenzstr. 1
U3–6, Bus 100/153: Odeonsplatz, Tram 19/21: Nationaltheater
✆ (089) 242 29 10
www.pfaelzerweinstube.de
Eines der bekannten Traditionslokale der Stadt. Hier treffen sich unter den hohen Gewölben ambitionierte Weintrinker und Liebhaber der pfälzischen Küche. Im Sommer reihen sich die Tische die Straße entlang und bieten dem Gast einen Logenplatz gegenüber der Theatinerkirche. €–€€

Café Maelu ➡ K8
Theatinerstr. 32
U3–6, Bus 100/153: Odeonsplatz
✆ (089) 24 29 25 97
www.maelu.de
Diese Confiserie hat es geschafft, eine Münchner Institution zu werden. Das junge Team zaubert mit professionellem Einsatz himmlische Kreationen von Törtchen bis Pralinen, die eigentlich viel zu schön sind, um gegessen zu werden. Das hat seinen Preis. Ein Törtchen kostet rund € 10. €

Schwabing:

Café Reitschule ➡ F10
Königinstr. 34, U3/6: Giselastraße
✆ (089) 388 87 60
www.cafe-reitschule.de

Ob Helles oder Weißbier: Sobald das Wetter mitspielt, werden die Getränke in Münchens Innenstadt draußen serviert

Noch eine Institution! Vor allem am Wochenende zum Frühstücken wegen der großen Auswahl sehr beliebt. €–€€

Il Mulino ➡ G7
Görresstr. 1
U2, Bus 153/154: Josephsplatz
✆ (089) 523 33 35
www.ristorante-ilmulino.de
Der Szene-Schwabinger gegenüber dem verwunschenen Alten Nördlichen Friedhof liegt etwas abseits, ist aber immer gut besucht. Antipasti, Pasta, Pizza, Pesce vom Feinsten; die Karte ist streng italienisch. €–€€

Kalypso ➡ F7
Agnesstr. 8
U2: Josephsplatz, Tram 27/28: Elisabethplatz
✆ (089) 20 03 86 86
www.kalypsomuenchen.de
Beliebtes griechisches Lokal mit exzellenten Fischgerichten und guter Weinkarte. €–€€

Café in der Glyptothek ➡ J6
Königsplatz 3
U2/8, Bus 100: Königsplatz, Tram 27/28: Karolinenplatz
✆ (089) 39 29 50 04
Das ganz besondere Museumscafé. Wirklich einmalig ist die Atmosphäre im stillen Innenhof während der warmen Jahreszeit. Die ersten sonnigen Frühlingstage unter azurblauem Föhnhimmel lassen durchaus Vergleiche mit Griechenland zu. €

Café Münchner Freiheit ➡ D10
Münchner Freiheit 20
U3/6, Tram 23, Bus 53/54/59/142: Münchner Freiheit
✆ (089) 33 00 79 90
www.muenchner-freiheit.de
Eine Institution direkt an der Münchner Freiheit, dem Herzstück des Stadtteils Schwabing. Auf einer riesigen Außenterrasse gleich neben der Statue des Münchner Schauspielers Helmut Fischer (»Monaco Franze«) sitzt man bei Kaffee und hausgemachtem Kuchen und beobachtet das Treiben. €

Schelling-Salon ➡ G8
Schellingstr. 54
Tram 27/28, Bus 153/154: Schellingstraße
✆ (089) 272 07 88
www.schelling-salon.de
Für viele war und ist diese Traditionswirtschaft mit ihren Billardtischen und der bodenständigen bayerischen Küche ein zweites Zuhause. Auf dem langen, häufig beschwerlichen Weg zum Ruhm verkehrten hier in ihren jungen Jahren z. B. Lenin, Brecht, Rilke, Ibsen, Kandinsky, Marc, Ringelnatz und viel später auch Fassbinder. €

Haidhausen:

Vinaiolo ➡ M11
Steinstr. 42, S1–8: Rosenheimer Platz, Tram 15/25: Wörthstraße
✆ (089) 48 95 03 56
www.vinaiolo.de
Hier kommen neben allseits bekannten Klassikern der italienischen Küche auch ausgefallenere Spezialitäten aus Venetien, Friaul und der Kampagne auf den Tisch. In wunderschönem Ambiente: Die alten Holzmöbel erwecken einen Kaufmannsladen der Jahrhundertwende zum Leben. €€

Zum Kloster ➡ aD5
Preysingstr. 77
U4/5: Max-Weber-Platz
✆ (089) 447 05 64
Ein Wirtshaus mit knarzendem Holzboden, und das mitten in der Stadt! Nichts ist aufgehübscht, nichts dem Zeitgeist angepasst. Die Nachbarschaft liebt es und kommt mit Kind und Kegel. Die Küche ist bodenständig lecker. Ein Traum im Frühling unter blühenden Bäumen, Tische und Stühle stehen auf verkehrsberuhigtem Kopfsteinpflaster. €–€€

Glockenbachviertel:

Fraunhofer ➡ M/N7
Fraunhoferstr. 9
U1/2/7/8: Fraunhoferstraße, Tram 16/18/27: Müllerstraße
Lokal: ✆ (089) 26 64 60
Theater: ✆ (089) 26 78 50
www.fraunhofertheater.de
Die Wirtschaft gehört zu den seltenen im Urzustand belassenen Altmünchner Traditionsgasthäusern. Hier sitzt man auf Tuchfühlung mit dem Nachbarn. Auf den Teller kommen bodenständige Gerichte. Das kleine Theater im Hinterhof bietet ambitionierte Kleinkunst. €–€€

Tabula Rasa ➡ N7
Holzstr. 18
Tram 16/18/27: Müllerstraße
✆ (0151) 25 25 89 24
www.cafetabularasa.de
Nichts passt so richtig zusammen, und genau das macht das kleine Lokal so sympathisch. Geboten wird Bio-Küche in Form von würzigen Gemüsegerichten. Auch der Schokokuchen ist prima. €

Westend/Schwanthalerhöhe:

Café Westend ➡ aD4
Ganghoferstr. 50
S7, U6, Bus 53: Harras
✆ (089) 50 83 41
www.cafe-westend.com
Eine der angesagten Adressen des Viertels, nicht nur zum Frühstücken am Wochenende. Salate, Pasta, Burger und mehr. €–€€

Rosso Mille Miglia ➡ westl. L3
Bergmannstr. 28
Bus 53/63/153: Gollierplatz
✆ (089) 51 11 58 55
www.rosso-millemiglia.de
Eine der Top-Adressen für beste Holzofenpizza. €–€€

Wirtshaus am Bavariapark ➡ M3
Theresienhöhe 15
U4/5: Schwanthalerhöhe
✆ (089) 45 21 16 91
www.wirtshaus-am-bavariapark.com
Das Gasthaus liegt im Schatten mächtiger Kastanien. Auf der Karte stehen deftige bayerische Schmankerl. €–€€

Zur Schwalbe ➡ aD4
Schwanthalerstr. 149
Tram 18/19: Schrenkstraße
✆ (089) 23 02 14 47
www.zurschwalbe.com
In dem gemütlichen Gasthaus mit kleinem Garten wird bodenständige Alpenküche serviert. €–€€

Caffè Ristretto ➡ aD4
Kazmairstr. 30
Bus 53/63: Kazmairstraße
✆ (089) 74 38 94 03
www.cafferistretto.de
Bei schlechtem Wetter kann es mittags schon mal eng werden in dem winzigen ehemaligen Tante-Emma-Laden. Rund um die wenigen Stehtische drängeln sich dann die Liebhaber der italienischen Küche und genießen typische, frisch zubereitete Gerichte. €

Heldenspeisen ➡ aD4
Heimeranstr. 49
Bus 53/63/153: Heimeranplatz
✆ (089) 17 92 99 40
www.heldenspeisen.de
Die kleine Salatbar (wenige Tische) mitten im Westend bietet leckere Salate und kleine herzhafte Speisen wie Suppen, Kartoffeltortilla oder Zucchini-Feta-Tarte. €

Marais ➡ L3
Parkstr. 2
U4/5: Schwanthalerhöhe
✆ (089) 50 09 45 52
www.cafe-marais.de
In der komplett erhaltenen Innenausstattung eines Kurzwarengeschäfts von 1920 sitzt man bei duftendem Kaffee, köstlichem Kuchen oder kleinen Gerichten zwischen käuflichen Flohmarktartikeln. €

Neuhausen/Nymphenburg:

Kurfürst Maximilian La Trattoria ➡ aC4
Waisenhausstr. 63, U1/7: Gern
✆ (089) 157 10 58
www.kurfuerst-maximilian.de
Der Name verrät nicht unbedingt, dass in dem kleinen, gemütlichen Speiselokal eine ausgezeichnete italienische Küche auf den Tisch kommt. Für den Abend unbedingt einen Tisch reservieren. €€

Café Ruffini ➡ aC3
Orffstr. 22–24
Tram 12: Neuhausen
✆ (089) 16 11 60, www.ruffini.de
Beliebt seit 1978! Feinste Kuchen, Backwaren, köstliche Speisen, beste Weine und wechselndes Kulturprogramm im Café mit Dachterrasse. €–€€

Schlosscafé im Palmenhaus ➡ bB3
Schloss Nymphenburg, Eingang 43
Tram 17: Schloss Nymphenburg
✆ (089) 17 53 09
www.palmenhaus.de
Im Sommer wird im Rosengarten serviert, im Winter kann der Gast geschützt unter Palmen südländischen Träumen nachhängen. €–€€

Eiskonditorei Sarcletti ➡ aC4
Nymphenburger Str. 155
U1/7, Tram 12, Bus 53/63: Rotkreuzplatz
✆ (089) 15 53 14
www.sarcletti.de
Nicht nur an heißen Sommertagen geht es in dieser stadtbekannten Eisdiele hoch her. Auch die Gäste, die sich mit einer dieser köstlichen Kreationen auf der Faust zufrieden geben, müssen sich in die – zuzeiten beachtliche – Warteschlange einreihen. €

Brauhäuser

3 Hofbräuhaus ➡ L9
Platzl 9
S1–8, U3/6: Marienplatz
✆ (089) 290 13 61 00
www.hofbraeuhaus.de
Man kann München nicht verlassen, ohne im berühmtesten Wirtshaus der Welt gewesen zu sein. Dicht an dicht hocken hier die Gäste aus aller Welt auf harten Bierbänken bei der Maß. Der Lärmpegel ist sehr gewöhnungsbedürftig. Im Sommer sollte man an den Tischen im Schatten mächtiger Kastanien im wunderschönen Biergarten Platz nehmen. €–€€

»In München steht ein Hofbräuhaus …«

Wirtshaus Zum Augustiner

Schneider Bräuhaus ➡ L8/9
Tal 7, S1–8, U3/6: Marienplatz
✆ (089) 290 13 80
www.schneider-brauhaus.de
Die Küche prunkt mit ehrlicher, original bayerischer Hausmannskost. Urige Gemütlichkeit in den verschiedenen Sälen. €–€€

Zum Augustiner ➡ L7
Neuhauser Str. 27, S1–8, U4/5, Tram 16–21, 27/28: Karlsplatz (Stachus)
✆ (089) 23 18 32 57
www.augustiner-restaurant.com
Unverfälschte oberbayerische Gasthauskultur. Es ist das einzige Lokal der Stadt, dessen Innenausstattung original aus der Prinzregentenzeit stammt. Highlight im Sommer: der einzigartige kleine Biergarten mit italienischem Flair. €–€€

Zum Franziskaner ➡ K8
Residenzstr. 9
U3–6, Bus 100/153: Odeonsplatz, Tram 19/21: Nationaltheater
✆ (089) 231 81 20
www.zum-franziskaner.de
In der Traditionsgaststätte gibt es schon zum Frühschoppen frische Weißwürste oder Leberkäs. €–€€

Bier

Getreu dem »Münchner Reinheitsgebot«, einem Gesetz aus dem Jahr 1487, wird noch heute das Bier nach einem streng gehüteten Rezept gebraut. Es wird aus Hopfen, Wasser, Hefe und Malz hergestellt. Das klingt zunächst simpel, aber die Mischung macht's. Der Herstellungsprozess erfolgt auf natürlicher Basis, es werden also keine Konservierungsmittel verwendet. Diese Bestimmungen gelten auch für Exportbiere. Um sie transportfähig zu machen und ihre Haltbarkeit etwas zu verlängern, werden sie lediglich pasteurisiert, wobei der Gerstensaft vorsichtig erhitzt wird.
Das typisch bayerische Bier besitzt eine Stammwürze von 11 bis 13 Prozent, der Alkoholgehalt liegt zwischen 4 und 5,4 Prozent. Ausnahmen mit mehr Alkoholgehalt sind die diversen Starkbiersorten und das speziell zum alljährlichen Oktoberfest gebraute Bier.

Hofbräukeller ➡ M11
Innere Wiener Str. 19, Haidhausen
U4/5, Tram 15/16/19/21/25: Max-Weber-Platz/Johannisplatz
✆ (089) 459 92 50
www.hofbraeukeller.de
Klassiker wie Schweinebraten gibt es bei guter Qualität zu bürgerfreundlichen Preisen. Die heißgeliebte Traditionswirtschaft hoch über der Isar besitzt einen Biergarten unter alten Kastanien. €

Biergärten

Seehaus ➡ E12
Kleinhesselohe 3
Englischer Garten
U3/6: Münchner Freiheit, Bus 59: Osterwaldstraße
✆ (089) 381 61 30
www.kuffler.de
Wunderschön direkt am Kleinhesseloher See gelegen. €€

Augustiner Keller ➡ J4
Arnulfstr. 52
S1–8: Hackerbrücke, Tram 16/17: Hopfenstraße
✆ (089) 59 43 93
www.augustinerkeller.de
Traditionsreicher Biergarten unter alten Kastanien. €–€€

Hirschau ➡ aC5
Gyßlingstr. 15
Englischer Garten
Bus 54/154: Chinesischer Turm
✆ (089) 36 09 04 90
www.hirschau-muenchen.de
Punktet mit junger, bayerischer Küche und einem großen Spielplatz. €–€€

Löwenbräukeller ➡ H5
Nymphenburger Str. 2
Maxvorstadt
U1/7, Tram 20/21: Stiglmaierplatz
✆ (089) 52 60 21
www.loewenbraeukeller.com
Direkt am geschäftigen Stiglmaierplatz gelegen. Oft wird ein ganzer Ochs am Spieß gegrillt. €–€€

Viktualienmarkt ➡ L8
Viktualienmarkt 3, Zentrum
S1–8, U3/6: Marienplatz
✆ (089) 29 16 59 93
Im Biergarten das Treiben auf dem Feinschmecker- und Genießermarkt beobachten. €–€€

Chinesischer Turm ➡ G11
Englischer Garten 3
U3/6: Giselastraße, Tram 16: Tivolistraße, Bus 54/154: Chinesischer Turm
✆ (089) 38 38 73 27
www.chinaturm.de
Mit rund 7000 Plätzen der zweitgrößte Biergarten der Stadt und beliebter Treffpunkt. €

Hirschgarten ➡ bE5
Hirschgarten 1
Nymphenburg
S1–6/8: Hirschgarten, Tram 16/17: Steubenplatz
✆ (089) 17 99 91 19
www.hirschgarten.de
Mit 8000 Plätzen der größte Biergarten der Stadt. €

Nockherberg ➡ aD5
Hochstr. 77
Haidhausen
S1–8: Rosenheimer Platz, Tram 15/25: Ostfriedhof
www.paulaner-nockherberg.com
Beliebter Biergarten unter Schatten spendenden Kastanien. € ■

Bummel über den Viktualienmarkt

Nightlife
Discos, Clubs, Bars, Jazzclubs

Die Szene ist ständig in Bewegung und somit laufend von Veränderungen gekennzeichnet. Die brandaktuellen Adressen finden sich sowohl in der kostenlosen Zeitschrift *IN* (liegt in Kiosken und Lokalen aus) als auch online unter www.mucbook.de, www.muenchen.mitvergnuegen.com. Musik- und Kneipen-Liebhaber sowie Nachtschwärmer sind im Univiertel (Maxvorstadt/Schwabing), im Glockenbachviertel und in Haidhausen richtig.

Discos, Clubs

Bayerischer Hof Night Club
➡K7/8
Promenadeplatz 2–6, Innenstadt
S1–8, U3/6: Marienplatz
✆ (089) 212 09 94
www.bayerischerhof.de
Im Nachtclub des Luxushotels treten nur die Besten der internationalen und lokalen Musikszene auf. Die Atmosphäre ist gediegen, die Preise sind entsprechend.

Call me Drella ➡ K7
Maximiliansplatz 5
Altstadt-Lehel
S1–8, U4/5: Karlsplatz (Stachus), U3–6, Bus 100/153: Odeonsplatz
✆ (089) 599 88 89 69
www.drella.de
Namensgeber des exzentrischen Clubs ist Andy Warhol, der sich selbst den Spitznamen »Drella« (zusammengesetzt aus Dracula und Cinderella) gab. Zum Konzept der verschachtelten Location auf drei Ebenen gehören die ziemlich schrill geschminkten, kostümierten Barkeeper sowie die Atmosphäre im alten Zirkusstil.

Milla ➡ N7
Holzstr. 28, Glockenbachviertel
U1/2/7/8: Fraunhoferstraße
✆ (089) 18 92 31 01
www.milla-club.de
Fast täglich Livemusik aller Genres mit regionalen und internationalen Künstlern. Einer der besonderen Clubs der Stadt!

P1 Club ➡ J10
Prinzregentenstr. 1, Lehel
U4/5: Lehel, Bus 100: Königinstraße, Tram 16: Haus der Kunst

Im Schumann's

✆ (089) 211 11 40
www.p1-club.de
Nach wie vor gehört das P1 zu den Nobelclubs der Republik mit hohem VIP-Aufkommen. Es ist nicht einfach, den Türsteher für sich zu gewinnen.

Paradiso ➡ M8
Rumfordstr. 2
Glockenbachviertel
Tram 16: Reichenbachplatz
✆ (089) 26 01 99 45
www.paradiso-tanzbar.de
Freddy Mercury, Mick Jagger und David Bowie waren in den 1970ern und 1980ern hier. Plüschig, sinnlich, einfach herrlich!

Pimpernel ➡ M7
Müllerstr. 56
Glockenbachviertel
U1–3, 6–8, Tram 16–18/27/28: Sendlinger Tor
✆ (089) 23 23 71 56
www.pimpernel.de
Auch hier feierte einst Freddy Mercury. Bunter und exzentrischer Club.

Bars, Kneipen

Alter Ofen ➡ G6
Zieblandstr. 41, Maxvorstadt
U2: Josephsplatz, Bus 153/154: Augustenstraße
✆ (089) 52 75 27
www.alter-ofen.de
Urige Kneipe mit 40-jähriger Tradition. Hier finden allabendlich jüngere wie ältere Semester bei einem Bierchen zusammen. Als Grundlage gibt es z. B. Spätzle oder Schnitzel.

Die Goldene Bar ➡ J10
Prinzregentenstr. 1, Lehel
Bus 100: Königinstraße, Tram 16: Haus der Kunst
✆ (089) 54 80 47 77
www.goldenebar.de
Im Haus der Kunst: Essen und Trinken auf hohem Niveau zu akzeptablen Preisen. Stilvolle Bar mit Wandmalereien auf goldenem Hintergrund.

Havana Club ➡ L9
Herrnstr. 30, Innenstadt
S1–8, U3/6: Marienplatz
✆ (089) 29 18 84
www.havanaclub-muenchen.de
Gemütliche Bar mit Kuba-Flair. Eine der besten Adressen für Drinks und Cocktails!

Negroni ➡ G9
Sedanstr. 9, Haidhausen
S1–8: Rosenheimer Platz
✆ (089) 48 95 01 54
www.negronibar.de
Klassische Bar, gute Cocktails, angenehme Atmosphäre.

Schumann's ➡ J8
Odeonsplatz 6–7, Innenstadt
U3–6, Bus 100/153: Odeonsplatz
✆ (089) 22 90 60
www.schumanns.de
Legendäre Bar. Berühmt sind nicht nur die kleinen Speisen, sondern vor allem die Cocktails. Seit Jahren treffen sich auch die Promis beim perfekten Gastgeber Charles.

Jazzclubs

Jazzclub Unterfahrt im Einstein ➡ westl. L12
Einsteinstr. 42
Haidhausen
U4/5: Max-Weber-Platz
✆ (089) 448 27 94
www.unterfahrt.de
Livemusik. Jazz vom Feinsten, Big Bands und mehr: Wer Jazz liebt, ist hier richtig!

Wirtshaus zum Isartal ➡ aD4
Brudermühlstr. 2
Sendling
U3: Brudermühlstraße
✆ (089) 77 21 21
www.wirtshaus-zum-isartal.de
Ständig wechselnde Bands sorgen für gute Stimmung. ■

Kultur und Unterhaltung
Musical, Konzert, Oper, Theater, Kabarett

Zu jeder Jahreszeit verwöhnt München seine Gäste mit einem vielfältigen kulturellen Angebot. Neben den vielen Museen gibt es auch jede Menge Theater. Es sind aber nicht nur die großen Häuser mit ihren überregional beachteten Inszenierungen, sondern die zahlreichen hoch motivierten Ensembles, die immer wieder aufs Neue ihre Besucher mit großartigen Darbietungen faszinieren. Neben dem Internet informiert das offizielle Münchner Monatsprogramm (Buchhandel).

Tickets

München Ticket
– Marienplatz 8 (Tourist Information) ➡ L8
– Bahnhofplatz 2 (im Tourismusamt) ➡ K5
✆ (089) 54 81 81 81
www.muenchenticket.de

Zentraler Kartenvorverkauf
– Stachus
2. Untergeschoss ➡ K6
✆ (089) 54 50 60 60
www.konzertkarten-muenchen.de

Musical, Konzert, Oper

Deutsches Theater ➡ L6
Schwanthalerstr. 13
Ludwigvorstadt
S1–8, U4/5, Tram 16–21, 27/28: Karlsplatz (Stachus)
✆ (089) 55 23 44 44
www.deutsches-theater.de
Schon immer bekannt für faszinierende Shows: Das Deutsche Theater unterhält Zuschauer auf rund 1500 Plätzen. In dem traditionsreichen Haus gastieren vor allem renommierte nationale und

Das Deutsche Theater abendlich erleuchtet

internationale Musical-Produktionen. Zudem bildet es den Rahmen für zahlreiche Bälle.

Gasteig ➡ M10/11
Rosenheimer Str. 5, Haidhausen
S1–8: Rosenheimer Platz
derzeit:
Hans-Preißinger-Str. 8, Sendling
U3: Brudermühlstraße, Bus 54, X30: Schäftlarnstraße
✆ (089) 48 09 80
www.gasteig.de
Seit 2021 ist der Gasteig wegen Sanierung geschlossen. Auf dem Gelände der Stadtwerke München in Sendling hat das Kulturzentrum übergangsweise ein neues Zuhause als »Gasteig HP8« gefunden.

Herkulessaal ➡ K9
Residenzstr. 1, Eingang Hofgarten
Innenstadt
U3–6, Bus 100/153: Odeonsplatz
Der ehemalige Thronsaal König Ludwigs I. in der Residenz wird heute als eher schlichte Kulisse für Gastspiele klassischer Konzerte genutzt.

Nationaltheater (Bayerische Staatsoper) ➡ K9
Max-Joseph-Platz 2
Innenstadt
S1–8, U3/6: Marienplatz, Tram 19–21: Nationaltheater
✆ (089) 21 85 10 25
www.staatsoper.de
Klassisches Opernrepertoire und alljährliche Opernfestspiele in den Sommermonaten. Weltweit hat sich das Haus mit seinen überragenden Inszenierungen und seinen außergewöhnlichen Solisten einen Namen gemacht. Ebenso berühmt: das Ballett, dessen Repertoire und zeitgenössisches Tanztheater mit hochkarätigen Künstlern besetzt sind.

Prinzregententheater ➡ aD5
Prinzregentenplatz 12, Bogenhausen, U4: Prinzregentenplatz

Das Nationaltheater bietet ein klassisches Opernrepertoire

✆ (089) 21 85 02
www.prinzregententheater.de
Das Haus hat kein eigenes Ensemble. Immer wieder treten hier national und international bekannte Künstler auf. Auf dem Spielplan stehen überragende Schauspielinszenierungen, aber auch Konzerte internationaler Stars.

Staatstheater am Gärtnerplatz ➡ M8
Gärtnerplatz 3
Glockenbachviertel
U1/2/7/8: Fraunhoferstraße
✆ (089) 21 85 19 60
www.gaertnerplatztheater.de
Das zweite Opernhaus Münchens mit vielfältigem Programm.

Theater

Cuvilliés-Theater ➡ K9
Residenzstr. 1
Innenstadt
U3–6, Bus 100/153: Odeonsplatz
✆ (089) 29 06 71
www.residenztheater.de
Deutschlands schönstes Rokokotheater, ein weiß-rot-goldener Theaterraum (18. Jh.) mit großartigem Dekor. Jede Aufführung wird hier zum Erlebnis!

Bei den Münchnern als »Resi« bekannt: das Residenztheater

Münchner Kammerspiele ➡ L9
Maximilianstr. 26–28, Innenstadt
Tram 19/21: Kammerspiele
✆ (089) 23 39 66 00
www.muenchner-kammerspiele.de
Im schönsten Jugendstiltheater der Republik sorgt ein großartiges Ensemble für atemberaubende Erlebnisse. Im dazugehörigen »Neuen Haus« (Falckenbergstr. 1) stehen die Absolventen der berühmten Otto-Falckenberg-Schule erstmals unter fachkundiger Führung auf der Bühne. Das Haus ist immer gut für Entdeckungen.

Residenztheater ➡ K9
Max-Joseph-Platz 1, Innenstadt
U3–6, Bus 100/153: Odeonsplatz, Tram 19/21: Nationaltheater
✆ (089) 21 85 19 40
www.residenztheater.de
Klassisches Repertoire in zum Teil sehr eigenwilligen, gekonnten Inszenierungen neben großartigen Stücken der klassischen Moderne.

Theater im Marstall ➡ K9
Marstallplatz 4, Innenstadt
U3–6, Bus 100/153: Odeonsplatz, Tram 19/21: Nationaltheater
✆ (089) 21 85 19 40
Experimentierfreudiges Haus mit überwiegend noch unbekannteren, jungen Schauspielern. In der Regel zeitgenössische Stücke.

Volkstheater ➡ aD4
Tumblingerstr. 29, Sendling
U3/6: Poccistraße, Bus 58/68: Kapuzinerplatz
✆ (089) 523 46 55
www.muenchner-volkstheater.de
Der Name täuscht: Hier wird kein Bauerntheater geboten. Gespielt werden klassische und zeitgenössische Stücke in immer wieder überraschenden Inszenierungen.

Kabarett

Kultur im Schlachthof ➡ aD4
Zenettistr. 9, Isarvorstadt
U3/6: Poccistraße
✆ (089) 72 01 82 64
www.im-schlachthof.de
Ein Ort mit Tradition. Zu den bekanntesten Größen des Münch-

Theater im Marstall: Moderne Aufführungen in historischem Ambiente

Rokoko vom Feinsten, zu sehen im Cuviellés-Theater in der Münchner Residenz

ner Vorstadtbrettls zählte jahrelang Ottfried Fischer. Spannende, wechselnde Programme.

Lustspielhaus ➡ E10
Occamstr. 8, Schwabing
U3/6: Münchner Freiheit
✆ (089) 34 49 74
www.lustspielhaus.de
Theater mit Schwerpunkt Kabarett und Comedy. Immer wieder Gastspiele von Bruno Jonas, Josef Hader u. a. Mit Gastronomie.

TamS Theater ➡ E10
Haimhauserstr. 13 A
Schwabing
U3/6: Münchner Freiheit
✆ (089) 34 58 90
www.tamstheater.de
Theater, Literatur, Musik: Seit rund 50 Jahren wartet dieses Privattheater mit einem vielfältigen Programm auf.

Sonstiges

Planetarium im Deutschen Museum ➡ N9
Museumsinsel 1, Isarvorstadt
S 1–8: Isartor, Bus 132: Boschbrücke
✆ (089) 21 79 1
www.deutsches-museum.de/information/besucherinformation
Modernste Technik und die naturgetreue Projektion des Sternenhimmels begeistern das Publikum. Komplettiert werden die täglichen Vorführungen durch die fachlich einwandfreien und dennoch für den Laien verständlichen astronomischen Erklärungen. Und abgerundet wird das Erlebnis durch die technisch hochaktuelle Simulationstechnik.

Praterinsel ➡ L10/11
Praterinsel 3/4
Isarvorstadt
S1–8: Isartor, Tram 16/17: Deutsches Museum
✆ (089) 416 81 80
praterinsel.de
Während der warmen Monate verwandelt sich die Insel mitten in der Isar zu einer vielbesuchten Freiluftoase. Zu dieser Jahreszeit punktet sie mit einem abwechslungsreichen Kulturprogramm. In der restlichen Jahreszeit lockt sie ihr Publikum mit zahlreichen interessanten Ausstellungen und manchmal auch Konzerten. ■

Shopping

Kaufhaus, Kulinarisches, Mode & Schmuck, Wohnaccessoires, Stoffe, Geschenke

Im Innenstadtbereich gehört die Neuhauser- bzw. Kaufingerstraße mit ihren großen Kaufhäusern zwischen Stachus (Karlsplatz) und dem Marienplatz zu den wichtigen Shoppingadressen. In der Sendlinger Straße und der nahen Hackenstraße mit ihrer Fortsetzung Josephspitalstraße gibt es in zahlreichen kleineren Spezialgeschäften viel Interessantes zu entdecken.

Maximilian-, Residenz- und Theatinerstraße, letztere mit den Passagen der »Fünf Höfe«, stehen für Eleganz und Lifestyle der Spitzenklasse. Aber auch in den einzelnen Stadtteilen wie Schwabing, dem Glockenbachviertel oder auch Haidhausen lässt sich herrlich bummeln und Geld ausgeben.

Kaufhaus

Ludwig Beck ➡ L8
Marienplatz 11
Innenstadt
S1–8, U3/6: Marienplatz
www.ludwigbeck.de
Das Kaufhaus direkt am Marienplatz ist eine gute Adresse für hochwertige Mode der bekannten Marken. Außergewöhnlich gut sortiert ist die Musikabteilung. Bei 100000 CDs fällt die Wahl nicht immer leicht. Schwerpunkte sind Klassik, Jazz und Weltmusik.

Regionaler Käse auf dem Viktualienmarkt

Riem Arcaden ➡ aD6
Willy-Brandt-Platz 5
Riem
U2: Messestadt West
www.westfield.com
Nahe der Messe locken auf drei Etagen über 140 Fachgeschäfte und gastronomische Angebote vom Snack bis zum Menü.

Kulinarisches

Dallmayr ➡ L8
Dienerstr. 14–15
Innenstadt
S1–8, U3/6: Marienplatz
www.dallmayr.com
Schon die Wittelsbacher ließen sich von ihrem Hoflieferanten die ausgefallensten Delikatessen liefern. Aber auch die heutige Kundschaft kann bei den unter dem Gewölbe des Traditionsgeschäfts optisch wundervoll präsentierten, hochwertigen Delikatessen nur schwerlich widerstehen.

Elisabethmarkt ➡ F8
Ecke Elisabeth-/Nordendstr.
Schwabing
Tram 27/28: Elisabethmarkt

Bekannt für hochwertige Delikatessen: Dallmayr

Bereits seit 1903 eine Institution im Stadtteil Schwabing wurde das Areal über Jahre modernisiert, wobei der Markt in der Zwischenzeit mit Containerbuden weiterbetrieben wurde. Noch 2024 soll der neue Markt eröffnet werden. Geöffnet blieb und bleibt das kleine Wirtshäusl »Wintergarten« mit herrlichem Biergarten (www.wintergarten-schwabing.de).

Elly Seidl ➡ K8
Maffeistr. 1, Innenstadt
S1–8, U3/6, Tram 19/21: Marienplatz
www.ellyseidl.com
Vor Ostern, Muttertag oder Weihnachten braucht man Geduld. In dem winzigen Laden in der schicken Einkaufsmeile drängeln sich die Kunden und lassen sich die exquisiten Pralinen in Schachteln oder Tütchen verpacken.

Viktualienmarkt ➡ L8
Innenstadt
S1–8, U3/6: Marienplatz
Im Schatten des Alten Peter, nur wenige Schritte vom Marienplatz entfernt, ist der Viktualienmarkt das Mekka der Gourmets. Besonders am Samstagvormittag trifft man sich hier und zelebriert den nicht gerade preiswerten Einkauf bei einem Gläschen Sekt.

Mode und Schmuck

Bella Natura ➡ E10
Haimhauserstr. 6, Schwabing
U3/6: Münchner Freiheit
bella-natura.shop
Dass Öko nicht bieder sein muss, zeigt das Sortiment an Kleidung aus Naturfasern auf eindrucksvolle Weise. Außerdem gibt es eine reichhaltige Auswahl superbequemer Damenschuhe.

Breitengrad ➡ H8
Schellingstr. 29, Maxvorstadt
U3/6: Universität, Bus 153/154: Türkenstraße
Seit mehr als 25 Jahren bereichert der Conceptstore das Uni-Viertel. Klamotten, Schuhe, Krimskrams, Deko: In diesem Laden findet sich immer etwas Außergewöhnliches.

DearGoods ➡ N8
Baaderstr. 65
Glockenbachviertel
www.deargoods.com
U1/2/7/8: Fraunhoferstraße

Shopping mit gutem Gewissen: Trendige, fair gehandelte Mode und Accessoires, vegan und in Bioqualität. Weitere Filialen: Am Glockenbach 12, Friedrichstr. 28.

Loden Frey ➡ K8
Maffeistr. 7, Innenstadt
S1–8, U3/6, Tram 19/21: Marienplatz
www.lodenfrey.com
Hochwertige Edelklamotten vom Trachtenlook bis hin zu den großen Labels für die ganze Familie.

Milla Shoes & Accessoires in München ➡ M11
Innere Wiener Str. 46, Haidhausen
U4/5: Max-Weber-Platz
millashoes.com
Trendbewusste finden hier ausgefallene Schuhe und Taschen. Teuer, aber toll!

NOH NEE – Dirndl à l'Africaine ➡ F6
Görresstr. 16, Maxvorstadt
U2/8, Bus 153/154: Josephsplatz
www.nohnee.com
Den Designerinnen aus Kamerun ist mit ihren farbenfrohen, hinreißenden Dirndln aus afrikanischen Stoffen ein großer Wurf gelungen. Die nicht ganz preiswerten Hingucker lassen sich nicht nur in Bayern zu festlichen Anlässen tragen. Auch bunte Kleider, Röcke, Westen.

Silberfisch ➡ M3
Heimeranstr. 55, Westend
U4/5: Heimeranplatz
www.silber-fisch.de
Mehrere kreative Goldschmiedinnen fertigen in eigener Werkstatt kostbare und dekorative Schmuckstücke aus edelsten Materialien. Auch ihr Tafelsilber ist einzigartig.

Tricia Leonard Vintage ➡ N8
Baaderstr. 53, Glockenbachviertel
U1/2/7/8: Fraunhoferstraße
www.retro-vintage.de
Hier findet man Schmuck, Taschen und viel Schönes, das garantiert niemand anderer hat.

Wohnaccessoires, Stoffe, Geschenke

Brauseschwein ➡ aC4
Frundsbergstr. 52, Neuhausen
U1/7: Rotkreuzplatz, Tram 12: Neuhausen
Der Spielwarenladen ist ein Paradies für kleine und große Kindsköpfe: Froschpistolen, leuchtende Tierchen, Spiele, Süßes, Saures – alles mit Spaßfaktor.

Flügels Spiel- und Holzwerkstatt ➡ östl. bB5
Nördliche Auffahrtsallee 62
Tram 17, Bus 51/151: Schloss Nymphenburg

Loden Frey: Stilvoll die Mode, edel das Geschäft

Holzspielzeug und Schönes für den Nachwuchs. Ein Paradies, nicht nur für Kinder!

Grapes Concept Store
➡ westl. J3
Donnersbergerstr. 48
U1/7, Bus 53/63: Rotkreuzplatz
www.grapesconceptstore.de
Geschirr, Kerzenständer, Körbe, Seifen und Papeterie: In diesem Laden dreht sich alles um Schönes aus Skandinavien.

Kare Cityhaus ➡ M7
Sendlinger Str. 37
Innenstadt
U1–3, 6–8, Tram 16–18, 27/28: Sendlinger Tor
www.kare.de
Trendiges zum Verschenken und Dekorieren, stylische Möbel und Lampen. Hier lässt man sich inspirieren und wer mag, kann sich die Objekte seiner Begierde auch nach Hause schicken lassen. In dem Shop, ganz in Schwarz gehalten, kommen große und kleine Designteile besonders gut zur Geltung.

Manufactum ➡ L8
Dienerstr. 12
Innenstadt
S1–8, U3/6: Marienplatz
www.manufactum.de
Ein überreiches Angebot an formschönen, nostalgischen Retro-Haushaltsgegenständen, robuster Kleidung bester Qualität, Möbeln u. v. m. Im Eingangsbereich kann man bei »brot & butter« zwecks Entscheidungsfindung mit einem der köstlichen kleinen Gerichte eine Pause einlegen.

Radspieler ➡ L7
Hackenstr. 7
Innenstadt
S1–8, U3/6: Marienplatz
www.radspieler.com
Stoffe, Geschirr und Möbel aus eigener Schreinerei zum Staunen: ein hinreißender Laden, in dem bayerische Traditionen und neuestes Design Hand in Hand gehen.

Shopping in der Kaufingerstraße

studio azzurro ➡ F7
Tengstr. 17, Schwabing
Tram 27/28: Nordendstraße
www.studioazzurro.de
Ausgesuchte Wohnaccessoires und hochwertige Stoffe machen die Wahl zur Qual.

Style Deco ➡ G8
Kurfürstenstr. 15
Schwabing
Tram 27/28: Nordendstraße
www.art-deco.de
Garantiert die größte Auswahl originaler Art-déco-Leuchten gibt es hier neben edlen Kleinmöbeln, Spiegeln und Vasen.

Zuerl Papier ➡ H8
Türkenstr. 48
Maxvorstadt
U3/6: Universität, Bus 153/154: Türkenstraße
www.db-gmbh.de
Wunderschöne Karten, Stifte und Mappen sowie Bürozubehör. ■

Mit Kindern in der Stadt
Museen, Aktivitäten, Freizeit

Die Dauerausstellung »Spielerische Naturkunde – nicht nur für Kinder« im Museum Mensch und Natur

Auch für seine jungen Gäste lässt sich München immer wieder interessante Programme einfallen. Während der Ferienmonate bietet die Stadt speziell für alle Daheimgebliebenen und Besucher jede Menge Spaß und Unterhaltung. Das Programm *Was ist los in München* gibt es an den Informationsstellen, also zum Beispiel bei der Stadtinformation im Rathaus am Marienplatz oder im Internet unter www.ferien-muenchen.de.

Da findet man z. B. Segeltörns, Klettertouren, Bauernhof-Fahrten, Zeltlager, Fahrradtouren, Reiter- oder Ritterfreizeiten, Piraten-, Indianer- oder Steinzeitcamps. Es können Tagesausflüge oder Workshops gebucht werden. Monatlich wechselnde Programme bieten mehrere Museen wie zum Beispiel das Deutsche Museum an. Alle Veranstaltungen werden im jeweiligen Monatsprogramm der Stadt München sowie im Stadtmagazin »IN München« (kostenlos in Läden und Lokalen, www.in-muenchen.de) veröffentlicht.

Sollte das Wetter mal nicht so optimal sein, bietet sich ein Besuch spannender Museen an, die viel Interessantes auch für junge Gäste zu bieten haben: das Deutsche Museum mit seinen Dependancen, dem Verkehrszentrum und der Flugwerft draußen in Schleißheim. Aber auch die Sammlungen des Museums Mensch und Natur in einem Seitenflügel von Schloss Nymphenburg oder das Spielzeugmuseum gleich am Marienplatz sind lohnende Ziele.

Bei schönem Wetter empfehlen sich privat organisierte Radtouren entlang der Isar oder durch den wunderschönen Englischen Garten. Und die meisten Biergärten verfügen sowieso über einen Kinderspielplatz.

Museen

7 Deutsches Museum ➡ N9
Museumsinsel 1
Isarvorstadt
S1–8: Isartor, Bus 132: Boschbrücke
✆ (089) 217 93 33
www.deutsches-museum.de
Kombiticket mit Flugwerft und Verkehrsmuseum
Vgl. auch S. 31

Die großartige naturwissenschaftlich-technische Sammlung ist nicht nur ein Ziel für erwachsene Technik-Freaks. Speziell die Programme für das junge Publikum lassen keine Langeweile aufkommen.

Im Kinderreich des Deutschen Museums können die Kleinen experimentieren und spielerisch entdecken, was es etwa mit dem Wasser und der Kraft auf sich hat, welche Täuschungen Optik erzeugt u.v.m. Speziell Führungen für Kinder, auch in den beiden Ablegern des Deutschen Museums:

Deutsches Museum, Flugwerft
Vgl. S. 31.

Deutsches Museum, Verkehrszentrum
Vgl. S. 31.

Kinder- und Jugendmuseum
➡ K5
Arnulfstr. 3
Innenstadt
S1–8, U1/2/4/5/7/8: Hauptbahnhof, Tram 16/17: Hautbahnhof Nord
✆ (089)54 04 64 40, www.kindermuseum-muenchen.de
Eingang: Hauptbahnhof/Seitenflügel Starnberger Bhf.
In dem Museum werden wechselnde Ausstellungen zu den unterschiedlichsten Themen gezeigt. Im Mittelpunkt steht das Mitmachen und Experimentieren der jungen Besucher.

Museum Mensch und Natur
➡ bB4
Schloss Nymphenburg (Nordflügel)
Maria-Ward-Str. 1
Tram 17, Bus 51/151: Schloss Nymphenburg
✆ (089) 179 58 90
www.mmn-muenchen.de
Vgl. auch S. 34
Ein prima Museum für interessierte Kinder und Jugendliche, das sich locker mit dem Ausflug hinaus nach Schloss Nymphenburg verbinden lässt. Spannende Themen wie die Entstehung der Sonne, die Geschichte der Erde und die Entwicklung des Lebens werden anschaulich anhand von Bildern, Modellen und Filmen erklärt.

Spielzeugmuseum
Vgl. S. 36.

Aktivitäten, Freizeit

Bavaria Filmstadt ➡ aF4
Bavariafilmplatz 7
82031 Geiselgasteig
Tram 25: Bavariafilmplatz
✆ (089) 64 99 20 00
www.filmstadt.de
Vgl. auch S. 42
Eines der bekanntesten Filmstudios Europas. Bei einer geführten

Kinderreich im Deutschen Museum

Tour läuft man mitten durch die Kulissen von »Asterix und Obelix« oder »Wicky auf großer Fahrt«. Die Teilnehmer der Tour können Filmszenen nachspielen und z. B. auf dem Rücken des Glücksdrachen Fuchur aus der »Unendlichen Geschichte« schweben.

DAV Kletterzentrum ➡ aE4
Thalkirchnerstr. 207, Sendling
U3: Thalkirchen
www.kbthalkirchen.de
Mit 7800 m² die größte Kletterfläche der Welt. Mit eigenem Kinderbereich. Außerdem gibt es einen riesigen Spielplatz, ein Piratenschiff und eine Burg zum Austoben und danach Pizza im Bistro mit Sonnenterrasse.

Flößerei Josef Seitner
Lindenweg 1
82515 Wolfratshausen
✆ (081 71) 785 18
www.flossfahrt.de
Frühzeitig anmelden
Ein Erlebnis ganz besonderer Art ist mit Kindern ab 12 Jahren (Schwimmwestenpflicht) an einem schönen Sommertag eine mehrstündige Floßfahrt auf der Isar.

Münchner Marionettentheater
➡ M7
Blumenstr. 32
Innenstadt
U1–3/6–8, Tram 16–18/27/28: Sendlinger Tor
✆ (089) 26 57 12
www.muema-theater.de
Es ist auch architektonisch ein kleines Schmuckstück. Das älteste Marionettentheater der Stadt bietet Kindern und Erwachsenen witzige und anspruchsvolle Inszenierungen. Nachmittags spielen die handgefertigten Puppen für die jungen Besucher.

Münchener Theater für Kinder
➡ J5
Dachauer Str. 46
Maxvorstadt
U1/7: Stiglmaierplatz, Tram 20/21: Karlstraße
✆ (089) 59 54 54
mtfk.de

Kulisse aus dem Film »Jim Knopf und Lukas der Lokomotivführer« in der Bavaria Filmstadt

»Oh, wie schön ist Panama«, »Der Froschkönig«, »Max & Moritz« – bei diesen Aufführungen wird Kindern bestimmt nicht langweilig.

Schlossführungen
Die Bayerische Schlösserverwaltung bietet alljährlich von März bis Juni spezielle Führungen für Kinder und Eltern an (www.schloesser.bayern.de).

SeaLife München ➡ B5
Willi-Daume-Platz 1
U3, Bus 173: Olympiazentrum
✆ (07 31) 146 11 53 32
www.visitsealife.com/muenchen
Rabatt bei Online-Buchung
In 30 Becken leben mehr als 10 000 Fische, darunter sogar Haie, aber auch Krabben und Wasserschildkröten. Der Besucher erlebt u. a. die faszinierende Unterwasserwelt von der Isar über die Donau bis hin zum Schwarzen Meer und zum Mittelmeer. Krönender Abschluss dieser fiktiven Reise ist der begehbare Unterwassertunnel durch das Mittelmeer. Im Berührungsbecken dürfen unter Aufsicht einige Tiere angefasst werden.

Alljährlich gibt es wechselnde Sonderausstellungen, die sich mit Spezialthemen befassen.

Tierpark Hellabrunn ➡ aE4
Tierparkstr. 30, Thalkirchen
U3: Thalkirchen, Bus 52, X98: Tierpark (Alemannenstraße)
✆ (089) 62 50 80
www.hellabrunn.de
Vgl. auch S. 51
Der Tierpark liegt draußen im Stadtteil Thalkirchen nahe den Isarauen und besitzt neben dem Raubtierhaus und dem Streichelzoo noch weitere Attraktionen.

Turmbesteigungen:

Ohne Frage ist bei strahlendem Wetter die Aussicht von einer der Aussichtsplattformen der Münchner Türme ein tolles Erlebnis für Eltern und Kinder.

Viel zu entdecken im SeaLife

Alter Peter (92 m) ➡ L8
Rindermarkt 1
Innenstadt
S1–8, U3/6: Marienplatz
Mit größeren Kindern ist die gesicherte Freiluft-Plattform, die nur über 305 schweißtreibende Stufen zu erreichen ist, ein lohnendes Ziel, mit kleineren eher nicht zu empfehlen.

Bavaria auf der Theresienhöhe ➡ N3
Westend
U4/5: Schwanthalerhöhe
Es ist ein echtes Abenteuer, die Aussichtsplattform der 18 m hohen Bronzefigur über die steile, enge Wendeltreppe zu erklimmen. Nichts für Eltern mit kleinen Kindern!

Olympiaturm (290 m) ➡ A/B4
Im Olympiapark
U3, Bus 173: Olympiazentrum, Tram 27: Petuelring
In wenigen Sekunden katapultiert einen der Lift zur Aussichtsplattform. ■

Erholung und Sport
Plätze zum Entspannen, Aktivitäten

München bietet seinen Gästen unzählige Plätze zum Ausruhen und Entspannen. Neben dem Englischen Garten lädt auch die Isar dazu ein, sich zwischendurch vom Sightseeing-Programm zu erholen. Während der heißen Jahreszeit breiten Hunderte von Sonnenanbetern ihre Badetücher einfach auf den mehr oder weniger sauberen, kilometerlangen Kiesbänken des Flusses aus und riskieren das Bad in den erfrischenden Flusswellen. (Hinweis: Fast alljährlich wird vor Kolibakterien gewarnt!) Eine Liste aller öffentlichen Bäder und die jeweiligen Öffnungszeiten findet man unter www.swm.de.

Sportlich Aktive haben die wunderbare Möglichkeit das lockere Training mit der Besichtigung einer der Sehenswürdigkeiten zu verbinden.

Plätze zum Entspannen

Dantebad ➡ aC4
Postillonstr. 17, Neuhausen
U1/7, Tram 20/21: Westfriedhof
Das beheizte Wettkampfbecken (50 m) lockt auch in der kalten Jahreszeit zu einem ausgiebigen Training. Trotz der großen Liegewiesen und zusätzlicher Becken kann es im Freibadbereich an schönen Sommertagen eng werden.

Hamam Mathilden ➡ M6
Mathildenstr. 5
Glockenbachviertel, U1–3, 6–8, Tram 16–18/27/28: Sendlinger Tor
✆ (089) 55 45 73
www.hamam.de
Hinter der Fassade eines unscheinbaren Hauses nahe dem Sendlinger-Tor-Platz erwartet einen der orientalische Wellness-Tempel.

Müller'sches Volksbad ➡ M10
Rosenheimerstr. 1, Haidhausen
S1–8: Rosenheimer Platz
Auge, Seele und Körper werden in diesem einzigartigen Jugendstil-Bad verwöhnt. In dem irisch-römischen Schwitzbad mit unterschiedlich temperierten Ruheräumen kann man seinem Körper eine Erholung gönnen.

Nordbad ➡ E6
Schleißheimer Str. 142
Schwabing
U2: Hohenzollernplatz, Tram 12/27, Bus 53/59/154: Nordbad
Das Hallenbad (33-m-Becken) mit Liegewiese findet sich zentral gelegen am Rand von Schwabing.

Olympia-Schwimmhalle ➡ B4
Im Olympiapark, Coubertinplatz 1
U3, Bus 173: Olympiazentrum

Müller'sches Volksbad direkt an der Isar

Die Schwimmhalle wurde 2019 nach Renovierung wieder eröffnet, Schwimmen und Fitness.

Prinzregentenbad ➡ aD5
Prinzregentenstr. 80, Bogenhausen
U4: Prinzregentenplatz
Hier treffen sich an heißen Sommertagen am Beckenrand (25 m) die Schönen und Reichen des Edel-Wohnviertels.

Ungererbad ➡ B11
Traubestr. 3, Nordschwabing
U6, Bus 59: Dietlindenstraße
Beliebtes Sommerbad mit großen Schwimmbecken und Beachvolleyball-Plätzen.

München lässt sich sehr gut mit dem Drahtesel erkunden

Aktivitäten

Die Stehende Welle ➡ J10
Prinzregentenstr., Lehel
U4/5: Lehel, Tram 16: Nationalmuseum/Haus der Kunst
Es soll Leute geben, die mit ihrem Surfbrett aus Übersee anreisen, um unter den Blicken der immer zahlreichen Zuschauer zu jeder Jahreszeit ihr Können auf der glitzernden, stehenden Welle im Eisbach unter Beweis zu stellen. Tipp: Der Film »Keep Surfing« von 2009 (DVD, Blu-Ray, Streaming) feiert dieses Phänomen.

Eisstockschießen
Gerner Brücke
U1/7: Gern, Tram 12: Renatastraße
Sobald im Winter der Nymphenburger Kanal zugefroren ist, treffen sich bei Glühwein gestandene Münchner Cliquen zu diesem sportlichen Vergnügen. Gäste werden meist freundlich integriert. Rutschfeste Sohlen und Lauffreudigkeit sind Voraussetzung!

Jogging
Der Englische Garten, der Nymphenburger Schloßpark und die Strecken links und rechts der Isar sind ein Paradies für Jogger.

Radtouren
Auf ihr 1200 km langes Wegenetz ist die Stadt ganz besonders stolz. München per Rad: Schöner geht es nicht! Touren durch den Olympiapark, bis zum Schloss Nymphenburg oder einfach nur kilometerweit durch den prächtigen Englischen Garten und dann immer entlang der Isar bis zum Poschinger Weiher oder weiter bis in die 41,5 km entfernte Domstadt Freising (zurück mit S1 oder Regionalzug). Radeln in und um München macht Spaß!

Mit **Call a Bike** können Besucher die Stadt für € 9 pro Tag erradeln. Informationen erhält man beim Servicecenter der DB im Hauptbahnhof und unter www.callabike-interaktiv.de.

Zeltdach-Tour ➡ B3
Olympiastadion
U3, Bus 173: Olympiazentrum, Tram 27: Petuelring
✆ (089) 30 67 24 14
www.touren-olympiapark.de
Termine nach Anfrage
Ein Erlebnis der ganz besonderen Art ist für Schwindelfreie (ab 10 J.) die geführte zweistündige Tour auf das Dach des Münchner Olympiastadions. ■

Daten zur Stadtgeschichte

15 v. Chr. – 6. Jh.n.Chr. Bayern wird römische Provinz und erlebt unter den Besatzern seine erste wirtschaftliche und kulturelle Blüte. Nach dem Tod des letzten gesamtrömischen Kaisers, Theodosius d. Gr., zerfällt das Reich 395. Dieses Machtvakuum nutzen die Franken (Merowinger) für sich aus. Sie setzen 550 Garibaldi I. aus dem Haus der Agilolfinger als Grenzherzog ein. Abgesichert wird dieser Pakt durch die Lex Baiuariorum (Bayerisches Stammesrecht). Mitte des 6. Jh. taucht erstmals in schriftlichen Quellen der Begriff Bajuwaren auf.

8. Jh. Das Kloster Tegernsee gründet die Siedlung Munichen (zu den Mönchen). Sie bleibt unbedeutend, bringt aber den Mönch ins Wappen, der im Laufe der Jahrhunderte zum bekannten Münchner Kindl mutiert.

1070 Das Herzogtum Bayern fällt an die Welfen.

1158 gründet Heinrich der Löwe München

1158 Für den wirtschaftlichen Aufstieg vom unbedeutenden Weiler zur Stadt sorgt der Welfe Heinrich der Löwe. Er lässt kurzerhand die Zollbrücke bei Oberföhring abreißen und durch einen neuen Übergang bei Munichen ersetzen. Damit entzieht er dem Bischof von Freising seine sichere Einnahmequelle: die Salzsteuer. Die von Berchtesgaden kommenden Salztransporte hatten hier auf ihrem Weg nach Norden und Westen die Isar gequert. Nachdem Heinrich sich auf Drängen seines Verwandten Kaiser Friedrich Barbarossa bereit erklärt, ein Drittel der Einnahmen dem Bischof abzutreten, wird diese Abmachung am 14. Juni 1158 in Augsburg per Gründungsurkunde (»Augsburger Schied«) bestätigt.

Kaiser Friedrich I. Barbarossa mit seinen Söhnen König Heinrich VI. und Herzog Friedrich von Schwaben (Welfenchronik 1179–91)

1170 Mit einem ersten Mauerring plus Wachtürmen werden dieser Übergang und die nur 17 ha große Ortschaft rund um den späteren Marienplatz gesichert.

1214 Der Ort wird erstmals als Stadt bezeichnet.

1240 München kommt in den Besitz der Wittelsbacher.

1253–94 Unter Herzog Ludwig dem Strengen wird mit dem Bau einer Burg, dem Alten Hof, begonnen. Am

Ansicht von München in der Schedelschen Weltchronik (1493)

19. September 1294 werden die Münchner Stadtrechte schriftlich festgelegt.

1294–1347 Unter der Herrschaft Ludwigs des Bayern gedeihen Handel und Gewerbe. Ein zweiter Mauerring wird um die Stadt gezogen, der nach 15-jähriger Bauzeit 1310 fertig ist. Erst zu Beginn des 19. Jh. wird die Stadt schließlich über diesen Ring hinauswachsen. Ein verheerender Brand vernichtet 1327 ein Drittel der innerstädtischen Bausubstanz. Ludwig der Bayer wird 1347 als erster Wittelsbacher in München beigesetzt.

1349 Die Pest wütet in der Stadt.

1407–60 Immer wieder verwüsten große Brände die Stadt.

1505 München wird Hauptstadt von ganz Bayern.

1550–79 Fürst Herzog Albrecht V. fördert Wissenschaft und Erziehung. Er gründet die Hofbibliothek, die später in der Staatsbibliothek aufgeht, und lässt für seine Antikensammlung das Antiquarium bauen.

1623–51 Während seiner Regentschaft als Kurfürst spielt Maximilian I. als Führer der katholischen Liga neben den Habsburgern eine dominante Rolle im Dreißigjährigen Krieg. 1632 wird München kurzfristig vom Schwedenkönig Gustav Adolf besetzt. Nach Beendigung der kriegerischen Auseinandersetzungen bricht erneut die Pest aus. Die Einwohnerzahl geht von 22000 auf 9000 zurück.

1638–45 Die Stadt erhält einen zeitgemäßen Verteidigungsring.

1651–79 Kurfürst Ferdinand Maria übernimmt die Regentschaft. Während dieser Zeit des von Italien geprägten Hochbarocks entstehen Bauten wie Schloss Nymphenburg, die Theatinerkirche, Schloss Lustheim und Schloss Schleißheim.

1705–14 Während des spanischen Erbfolgekriegs wird München von den habsburgisch-österreichischen Truppen besetzt. Am 25. Dezember 1705 erheben sich die bayerischen Bauern gegen die Besatzer. Der Aufstand wird vor den Toren der Stadt blutig niedergeschlagen.

1714 Max Emanuel kehrt aus dem Exil zurück. Unter seiner und der Regentschaft seines Nachfolgers Kurfürst Karl Albrecht (später Kaiser Karl VII.) werden die Schlösser Nymphenburg und Schleißheim vollendet.

1745–77 Max III. Joseph schließt Frieden mit Österreich und sichert somit Bayern über drei Jahrzehnte den Frieden.

Absolutistisch geprägt: Bayernkönig Ludwig II.

1777–99 Unter Kurfürst Karl Theodor werden Bayern und die Pfalz geeint.

1805 Napoleon erreicht München.

1806 Kurfürst Maximilian IV. wird auf Anordnung Napoleons als Max I. Joseph (1806–25) zum ersten bayerischen König ausgerufen. Bayern muss im Gegenzug ein Waffenbündnis unterschreiben. Das bezahlen 30 000 bayerische Soldaten im Verlauf von Napoleons Russlandfeldzug mit dem Leben. München wird königliche Haupt- und Residenzstadt.

1810 Anlässlich der Hochzeit des Kronprinzen Ludwig I. mit Prinzessin Therese von Sachsen-Hildburghausen findet auf der später nach der Braut benannten Wiese weit draußen vor der Stadt das erste Oktoberfest statt.

1825 Ludwig I. besteigt den Thron. Der König fördert die Künste und die Wissenschaft. Aufgrund seiner exzessiven Bauwut und seiner Beziehung zu Lola Montez kommt der Monarch ins Gerede und muss 1848 schließlich abdanken.

1826 München wird Universitätsstadt.

1846 Nach Berlin und Hamburg werden nun auch in München 100 000 Einwohner gezählt.

1848 Ludwigs Sohn Max II. besteigt den Thron. Dem weltgewandten, umfassend gebildeten Monarchen gelingt es, die bekanntesten Wissenschaftler seiner Zeit an die noch junge Münchner Uni zu holen.

1864 Nach dem überraschenden Tod von Max II. wird sein 18-jähriger Sohn zum König proklamiert. In einer Zeit großer politischer Umwälzungen tritt Ludwig II. mit einer vom Absolutismus geprägten Herrschaftsauffassung an. Als seine Vorstellungen immer mehr mit der Realität kollidieren, entzieht er sich der Tagespolitik, flieht in die Berge und frönt seiner Bauwut. Zu seiner größten politischen Niederlage gehört der Sieg Preußens über das vereinigte österreichisch-bayerische Heer. Die Vormacht Preußens unter den Hohenzollern und ihrem Ministerpräsidenten Otto Fürst von Bismarck ist damit besiegelt. Am 13. Juni 1886 kommt Ludwig II. auf bis heute nicht eindeutig geklärte Umstände zu Tode.

1886 Prinzregent Luitpold übernimmt die Regierungsgeschäfte.

1911 Die Künstlergruppe »Der Blaue Reiter« und zahlreiche Literaten fassen in München Fuß. Schwabing wird zum Mekka eines unkonventionellen Künstlerlebens.

1914–18 Während des Ersten Weltkriegs regiert Ludwig III., der das Land fluchtartig verlassen muss, als Kurt Eisner 1918 zum ersten bayerischen Ministerpräsidenten gewählt wird. Am 8. November 1918 wird der Freistaat Bayern ausgerufen, die Herrschaft der Wittelsbacher ist beendet.

1919 Eisner wird ermordet. Die Räterepublik wird ausgerufen.

1923 Der Putschversuch der Nationalsozialisten vor der Feldherrnhalle scheitert.

1925	Der Grundstein für das Deutsche Museum mit seiner bis heute weltweit größten naturwissenschaftlichen Sammlung wird gelegt.
1933–45	Die Wahl am 5. März bringt der NSDAP die erhoffte Mehrheit. München wird die »Hauptstadt der Bewegung«.
1945	Die während des Zweiten Weltkriegs zu 70 Prozent zerstörte Stadt wird von den US-Amerikanern eingenommen.
1946	Die Verfassung des Freistaats Bayern tritt in Kraft.
1957	München hat eine Million Einwohner.
1971	Die erste U-Bahn-Linie wird eingeweiht.
1972	Die XX. Olympischen Sommerspiele, die von dem Attentat auf die israelischen Sportler überschattet werden, finden in München statt.
1992	Eröffnung des Flughafens »Franz Josef Strauß«.
1998	Eröffnung des neuen Messegeländes auf dem Areal des ehemaligen Flughafens Riem.
2002	Eröffnung der Pinakothek der Moderne.
2004	Die sogenannte Hochhausdebatte wird per Bürgerentscheid entschieden: Innerhalb des Mittleren Rings darf kein Hochhaus die 100-Meter-Marke überschreiten.
2006	Am 9. Juni wird in der Allianz Arena die Fußballweltmeisterschaft angepfiffen.
2008	Die Stadt feiert ihren 850. Geburtstag.
2009	Das Museum Brandhorst wird eingeweiht.
2015	Am 30. April, dem 70. Jahrestag der Befreiung Münchens durch die Amerikaner, wird beim Königsplatz, dort wo bis 1947 das Braune Haus (Parteizentrale der NSDAP) stand, das NS-Dokumentationszentrum eingeweiht.
2018	Markus Söder löst Horst Seehofer als bayerischer Ministerpräsident ab.
2020	Zum zweiten Mal in der Vereinsgeschichte holt der FC Bayern München unter Trainer Hansi Flick das Triple (Deutscher Meister, Pokalsieger, Champions-League-Sieger).
2021	Die Isarphilharmonie, einer der modernsten Konzertsäle Europas mit 2000 Plätzen, wird eröffnet.
2024	München ist Spielort bei der Fußball-EM. ■

Seit 2015 informiert das NS-Dokumentationszentrum über die Rolle der Stadt während des Dritten Reichs

Service von A bis Z

München in Zahlen und Fakten

Alter: Stadtrechte seit 1158
Durchschnittliche Höhe: 519 m über NN
Gesamtfläche: 31,071 ha
Innenstadtgebiet: Länge 13,7 km
Ausdehnung der Stadtgrenze: N-S-Richtung 20,7 km, O-W-Richtung 26,9 km
Einwohner: 1,5 Mio.
Hochschulen: 139 400 Studierende, davon Ludwig-Maximilian-Universität 52 400 und Technische Universität 48 000, die anderen Studierenden besuchen Staatliche Hochschulen
Tourismus: rund 470 Beherbergungsbetriebe mit rund 18 Mio. Übernachtungen
Kultur: 72 Theater und Opernhäuser, 66 Museen
Wirtschaft: 939 542 Beschäftigte im Stadtgebiet, die Arbeitslosenquote beträgt 3,9 %

Anreise

Mit der Bahn

Der derzeitige Bau der zweiten Stammstrecke der Münchner S-Bahn sowie des Empfangsgebäudes am Münchner Hauptbahnhof dauert voraussichtlich noch bis 2035/37. In der Zwischenzeit geht der Betrieb mit Fernzügen, Regionalbahnen sowie S- und U-Bahnen im Untergeschoss zwar weiter, für die einzelnen Wege sollte man aber lieber etwas mehr Zeit einplanen.
Bahnauskunft: ✆ (030) 29 70
Fahrplanauskunft:
✆ 08 00-150 70 90 (kostenfrei)
www.bahn.de

Mit dem Auto

Wer mit dem Auto anreist, wird automatisch auf den gut ausgeschilderten, vierspurigen Ring geleitet und von dort aus ins Zentrum. Die innerstädtischen Parkmöglichkeiten sind rar und streng geregelt. Der Innenstadtbereich ist Umweltzone (Infos unter www.muenchen.de). Für einen ausgedehnten Stadtbummel empfehlen sich diverse Parkhäuser.

Kostenfreie Parkplätze findet man nur in den Außenbereichen. In vielen innerstädtischen Stadtteilen bekommen nur die Anwohner eine kostenpflichtige Parkerlaubnis. Wer sich dort hinstellt, wird gnadenlos abgeschleppt.

Ideal für eine kühle Erfrischung im Sommer: Baden in der Isar vor der Reichenbachbrücke und den Kirchtürmen von St. Maximillian

Mit dem Flugzeug

Der Franz-Josef-Strauß-Flughafen liegt rund 40 km nördlich des Zentrums. Von hier verkehren im 10-Minuten-Takt die **S-Bahn-Linien** 1 und 8 u. a. zum Hauptbahnhof (ca. 35 Min.), Marienplatz und Karlsplatz (Stachus). Ticket-Alternativen: Tageskarte (€ 16), Gruppenkarte für bis zu 5 Personen (€ 29,80), Streifenkarte (€ 16,30, 8 Streifen für die Fahrt entwerten).

Der **Flughafenbus** verbindet die Terminals mit dem Hauptbahnhof Nord (alle 15 Min., ca. 50 Min. Fahrt, Ticket € 11,50, online günstiger, www.airportbus-muenchen.de). Weitere Haltestelle auf der Strecke: Nordfriedhof (25 Min. zum Flughafen), zu erreichen mit der U6.

Das Taxi vom Flughafen in die Innenstadt kostet ca. € 100.

Flughafen München
Information:
✆ (089) 975 00
www.munich-airport.de
Airport Tour/Besucherservice:
✆ (089) 97 54 13 33
Fundbüro: ✆ (089) 97 52 14 70
Gepäckaufbewahrung:
✆ (089) 97 52 14 75
Taxizentrale am Flughafen:
✆ (089) 97 58 50 50

Auskunft

München Tourismus
✆ (089) 23 39 65 00
www.muenchen.de

Tourist Information
– Am Hauptbahnhof ➡ K5
Bahnhofsplatz 2
– Marienplatz 8
Eingang Rathaus ➡ L8
✆ (089) 23 39 65 00
– Im Alten Hof/Kaiserburg
Alter Hof 1 ➡ L8
✆ (089) 21 01 40 50
www.museen-in-bayern.de
Der Ort selbst ist schon eine Sehenswürdigkeit. Beim Umbau des Alten Hofs wurde der Infopoint des Museums- und Schlösserlandes Bayern eröffnet. Im unterirdischen, spätgotischen Gewölbesaal bietet die Multimedia-Präsentation Einblicke in das Leben Kaiser Ludwigs des Bayern und seiner Zeit.

Feste, Veranstaltungen, Messen

Feste, Veranstaltungen:

Januar/Februar

Fasching – Während der Faschingszeit gibt es einerseits die großen öffentlichen Schwarz-Weiß-Bälle (festliche Abendgarderobe ist Pflicht) und die Kostümbälle, die nicht selten unter einem Motto stehen. Die Hauptattraktion am Faschingsdienstag und zugleich Abschlussveranstaltung der närrischen Zeit ist der berühmte, ausgelassene Tanz der Marktfrauen auf dem Viktualienmarkt.

Während der Fastenzeit wird im unmittelbaren Anschluss an den Fasching das nahrhafte und hochprozentige Starkbier (Thriumphator oder Salvator) ausgeschenkt. Weit über die Grenzen Münchens ist in diesem Zusammenhang das »Paulaner-Wirtshaus« auf dem Nockherberg zu einem Begriff geworden. Bundesweit wird anlässlich des Starkbieranstichs das politische Kabarett nebst Singspiel »Politiker derblecken« im Fernsehen übertragen. Während dieser Veranstaltung werden den im Publikum zahlreich vertretenen Bundes- und Landespolitikern meist sehr unverblümt die Leviten gelesen (www.nockherberg.com).

Fasching auf dem Viktualienmarkt

März/April

Krimifestival – National sowie international bekannte Krimiautoren stellen ihre neuesten Werke vor – teilweise finden Lesungen an originellen »Tatorten« statt (www.krimifestival-muenchen.de).

April

Frühlingsfest – so etwas wie ein Mini-Oktoberfest auf der Theresienwiese. Schön ist der riesige Trödelmarkt am Eröffnungstag.

Mai

Auer Dult – Dreimal im Jahr findet auf dem Mariahilfplatz eine bunte Mischung aus Jahrmarkt, Trödel- und Geschirrmakt statt (Mai-Dult, im Juli/August die Jacobi-Dult und im Oktober die Kirchweih-Dult, www.auerdult.de).

Dokumentarfilm-Festival – In ausgesuchten Kinos werden nationale und internationale Produktionen gezeigt (www.dokfest-muenchen.de).

Juni/Juli

Tollwood-Sommerfestival – Das alternative Kulturfestival lockt mit Zirkus, Konzerten und Theaterveranstaltungen sowie viel Kunsthandwerk, aber auch einigen Biergärten und internationalen Open-Air-Lokalen seine bunt gemischte Fan-Gemeinde an (www.tollwood.de).

Stadtgründungsfest – Jedes Jahr feiert München rund um den Odeonsplatz seine Stadtgründung (www.muenchen.de/tourismus).

Juli

Magdalenenfest – Mit Buden und einigen Karussells erfreut sich das Fest im Hirschgarten vor allem bei Kindern großer Beliebtheit.

Christopher Street Day – Parade der schwul-lesbischen Community (www.csd-muenchen.de).

Klassik am Odeonsplatz – Vor der Feldherrnhalle auf dem Odeonsplatz spielen die Münchner Phil-

Ein Magnet für Gäste aus der ganzen Welt ist alljährlich das Oktoberfest

harmoniker oder das Bayerische Rundfunkorchester im Rahmen des Festivals. Als Solisten treten weltberühmte Stars auf (www.klassik-am-odeonsplatz.de).

Münchner Opernfestspiele – im Juli und August, mit täglich wechselndem Programm (www.muenchner-opern-festspiele.de).

August

Sommerfest im Olympiapark – Einen Monat lang kostenlos Rock, Pop und Folk auf der Open-Air-Bühne des Theatron im Schatten des Stadion-Zeltdachs direkt am See (www.theatron.de).

September/Oktober

Oktoberfest – Das größte Volksfest der Welt findet alljährlich ab Mitte September zwei Wochen lang auf der Theresienwiese statt (www.oktoberfest.de).

November

Münchner Eiszauber – Ende des Monats verwandelt sich der Karlsplatz in eine Eisfläche, auf der das zahlende Publikum seine Runden dreht (www.muenchnereiszauber.de).

Dezember

Christkindlmarkt – Allmählich schmückt sich fast jeder Stadtteil der Landeshauptstadt mit seinem eigenen, oft eher kleinen Weihnachtsmarkt. Der größte Markt im Innenstadtbereich mit einem riesigen Tannenbaum vor dem Rathaus und den vielen geschmückten Buden lockt Tausende. Weitere sehenswerte Christkindlmärkte gibt es an der Münchner Freiheit in Schwabing, rund um den Chinesischen Turm im Englischen Garten und am Weißenburger Platz in Haidhausen.

Tollwood-Winterfestival – Ab dem 1. Advent lockt auf der Theresienwiese dieses alternative Festival mit Kultur und vielen Buden mit Kunsthandwerk und internationalen Gerichten im Dunst von Glühwein. Auch Silvester-Programm (www.tollwood.de).

Messen

Der Ruf der Stadt als nationales und internationales Messezentrum ist bekannt. Alljährlich präsentieren sich die Ausstellungen mit einem großartigen, ständig wechselnden Programm. Zu den hier aufgelisteten kommen natürlich noch viele weitere hinzu.

ICM – Internationales Congress Center München

➡ aD6

Messegelände, U2: Messestadt West und Ost
www.messe-muenchen.de

Zünftiger Biertrinker

Alljährlich finden auf dem ehemaligen Flughafengelände in Riem eine Reihe international renommierter Fachmessen statt.

M.O.C. Veranstaltungscenter
➡ aB5
Lilienthalallee 40
U6: Kieferngarten
www.moc-muenchen.de
Zweiter Messestandort Münchens.

Azubi- und Studientage München
www.azubitage.de
Infos über Ausbildungsberufe und Studiengänge aller Branchen.

creativmesse
www.creativmesse.de
Trendy und inspirierend: die beste Messe für alle, die gern basteln und kreativ sind.

Forum Vini
www.forum-vini.de
Internationale Wein- und Delikatessenmesse für Verkostung, Order und Direktverkauf. Über 300 Aussteller.

High End Munich
www.highendsociety.de
International renommierte Audio-Messe mit über 500 Ausstellern.

Internationale Briefmarken-Börse
www.briefmarken-messe.de
Treffpunkt der Fachhändler aus dem In- und Ausland. Unter anderem mit Vorträgen und Diskussionsrunden.

Internationale Handwerksmesse
www.ihm.de
Die neuesten Trends aus Außenausbau & Gartentechnik, Bauen & Modernisieren, Wohnen & Arbeiten, Küche, Werkzeug & Technik, Kunsthandwerk.

Outdoor by ISPO
www.ispo.com
Bekleidung, Rucksäcke, Campingausrüstung, Navis und vieles mehr. Rund 300 Aussteller.

Hinweise für Menschen mit Handicap

Viele praktische Tipps finden sich auf der Website: www.muenchen-tourismus-barrierefrei.de. Die Hinweise sind unter verschiedenen Rubriken geordnet. Münchner Hotels, Jugendherbergen, Campingplätze und Gaststätten, aber auch Biergärten wurden speziellen Tests unterzogen. Außerdem ist das Portal auch bei Facebook vertreten. Die praktischen Tipps der Facebook-User sind die perfekte Ergänzung zum offiziellen Teil.

Internet

www.muenchen.de – Offizielles Stadtportal. Übersichtliche, detaillierte und aktuelle Informationen zu Veranstaltungen, Freizeit, Restaurants, Shopping und Hotels.
www.in-muenchen.de – die besten Veranstaltungs- und Gastrotipps. Münchens umfangreichstes Info-Portal.
www.munich-touristinfo.de – Wer aktuelle Vorschläge zu spontanen Touren in die Umgebung sucht, dürfte auf dieser Seite unter den Stichworten Tages- oder Sonderausflüge auf jeden Fall fündig werden. Außerdem Informatives unter vielen anderen nützlichen Stichworten.

Notfälle, wichtige Rufnummern

Polizei ✆ 110
Feuerwehr, Notarzt ✆ 112
Ärztlicher Bereitschaftsdienst
✆ 116 117
Apotheker-Notdienst
✆ 0800-002 28 33
✆ 228 33 (Kurzwahl Handy)
Bereitschaftspraxis Elisenhof ➡ K6
Elisenstr. 3, 4. Stock (gegenüber vom Hauptbahnhof), ✆ 116 117
Zahnärztlicher Notdienst
✆ (089) 30 00 55 15
Taxi
Isarfunk Taxizentrale
✆ (089) 45 05 40
Taxizentrale München
✆ (089) 194 10, 216 10
Fundbüro
Oetztaler Str. 19
✆ (089) 23 39 60 45

Presse

Weit über die Grenzen der bayerischen Metropole bekannt ist die *Süddeutsche Zeitung* (SZ), eine der führenden Tageszeitungen Deutschlands. Der *Münchner Merkur* ist die Lokalzeitung, die vor allem auf dem Land Abonnenten hat. Daneben gibt es die Boulevardzeitungen *Abendzeitung* (AZ), *Tageszeitung* (tz) und *Bild* (Münchner Ausgabe).

Das offizielle *Monatsprogramm der Stadt München* ist eine schmale, gelbe Broschüre, die es am Zeitungskiosk und so gut wie in jeder Buchhandlung zu kaufen gibt.

Die kostenlose Zeitschrift *IN* liegt in vielen Kneipen und Lokalen aus. Sie erscheint jeden Monat und bietet eine Übersicht über kulturelle Ereignisse und gibt Hinweise auf Lokale und Veranstaltungen.

Die besten Stadtmagazine online sind: www.mucbook.de, www.muenchen.mitvergnuegen.com, www.munichx.de sowie www.prinz.de.

Sightseeing, Touren

Herz & Heimat Stadtführungen
✆ (0170) 735 44 82
www.herz-und-heimat.bayern
Klassische Touren, Stadtteilführungen, kulinarische Spaziergänge, Rundfahrten mit dem Bus oder der Limousine. Bei Barbara Feige und ihrem Team machen die unterhaltsamen Touren Spaß.

Weis(s)er Stadtvogel München
✆ (089) 203 24 53 60
www.stadtvogel.de
Thementouren wie »Mit dem Nachwächter unterwegs«, »Henker, Huren, Hexen mit Schauspiel«, Stadtführungen mit dem Leihrad, Altstadtführung. Unbedingt reservieren!

Stadttour München
www.stadttour-muenchen.de
Die schönsten Stadttouren mit außergewöhnlichen Geschichten, erzählt mit viel Herz.

City Segway Tours
Marienplatz
✆ (089) 24 20 34 01
www.seg-tour.de
Tägl. mehrere Touren
Treffpunkt ist am Marienplatz unter dem Torbogen des alten Rathauses am Eingang des Spielzeugmuseums. Parkmöglichkeiten im Parkhaus am Hofbräuhaus (Hochbrückenstr. 9).

Mit dem Bus auf Sightseeing-Tour

Stattreisen München e.V.
✆ (089) 54 40 42 30
www.stattreisen-muenchen.de
Abgestimmt auf die persönlichen Wünsche der Besucher werden Touren zu Geschichte, Alltagsleben und Kultur angeboten. Man sollte sich vor der Buchung mit dem umfangreichen Programm auseinandersetzen.

Rikscha-Mobil
✆ (089) 24 21 68 80
www.pedalhelden.de
Im Sommer stehen die Fahrrad-Rikschas am Marienplatz.

Radius Tours & Bikes
✆ (089) 54 34 87 77 40
www.radiustours.com
Es werden Radtouren in verschiedenen Sprachen angeboten. Wer München auf eigene Faust mit dem Fahrrad erkunden will, kann sich eines am Bahnhof mieten: Radverleih beim Gleis 32.

MVV-Radlführer
www.mvv-muenchen.de/rad
Der MVV (Münchner Verkehrs- und Tarifverbund) und der ADFC (Allgemeiner Deutscher Fahrrad-Club) haben einen kostenlosen Fahrradführer mit 25 Touren rund um München inklusive GPS-Daten zum Download ins Netz gestellt. Mit detaillierten Wegbeschreibungen, Empfehlungen von Gaststätten, Sehenswürdigkeiten, Angaben zu Kindertauglichkeit, Fahrplänen der MVV-Bahnhöfe.

München per Tram
✆ (089) 203 24 53 60
www.stadtvogel.de
Treffpunkt ist am Stachus Torbogen. Zwei Stunden geht es mit der Tram 19 vorbei an vielen Sehenswürdigkeiten. Bei dieser Tour sind einige Stopps enthalten.

Turmbesteigungen
Vgl. S. 77

Sprachhilfen für das Bayerische

Des is mia wurscht. – Das ist mir egal.
Ja, do legst di nieda! – Donnerwetter! Ausdruck der größten Anerkennung
Aff, Depp, Hirsch – Ungewöhnliche Art, jemandem gegenüber Zuneigung auszudrücken
Saupreiß – Abfälliger Ausdruck für alle Nichtbayern
Bussl – Kuss
Gschbusi – Freundin
Gaudi – Spaß, Vergnügen
Grias di! – Hallo! Guten Tag!
De hod Hoiz vor da Hüttn – Große Oberweite
Schleich di! – Verschwinde!
Host mi? – Hast Du mich verstanden?
Ja mei – Ausdruck der Zustimmung
Kon scho sei. – Ist schon möglich.
So is a wieda ned. – So kann man das nicht sagen. Ausdruck des Zweifels
A bissl wos geht imma. – Ein bisschen ist immer möglich.
Schau mer moi. – Warten wir es mal ab.
Schmarrn – Unsinn
Des woas i a ned. – Keine Ahnung.
Nacha pack 'mas. – Lass uns gehen.
Aba heid nimma. – Heute auf keinen Fall mehr.
Ja, spinn i denn. – Ausdruck der Bewunderung: absolute Zustimmung.

Unterirdische Schönheiten

Bei der MVG im Zwischengeschoss unter dem Marienplatz gibt es kostenlos das Faltblatt *Münchens schönste U-Bahnhöfe*. Bei schlechtem Wetter lohnt sich zum Beispiel die Fahrt zur Münchner Freiheit oder dem Westfriedhof. Beide U-Bahnhöfe wurden vom Lichtdesigner Ingo Maurer gestaltet. Auch die Stationen Königsplatz und Georg-Brauchle-Ring lohnen die unterirdische Reise. Das Lichtdesign am Marienplatz wurde ebenfalls von Ingo Maurer entworfen.

Verkehrsmittel

Münchner Verkehrsgesellschaft (MVG)
✆ 08 00–344 22 66 00
www.mvg.de
Kundencenter im Untergeschoss am Hauptbahnhof und am Marienplatz
Infopoints: Diese Schalter befinden sich im jeweiligen Zwischengeschoss der U- bzw. S-Bahnstation Karlsplatz (Stachus), Münchner Freiheit, Odeonsplatz, Olympiazentrum und Sendlinger Tor
Für die Benutzung von Bus, Tram, U- und S-Bahnen gibt es je nach Aufenthaltsdauer die unterschiedlichsten Angebote. Es gibt Einzel-, Streifen- oder Tageskarten, aber auch IsarCard60 oder IsarCard9Uhr für Vielfahrer.

Die Einzelfahrkarte kostet für die Kurzstrecke (bis zu 4 Haltestellen) € 1,90. Für mehrere Fahrten und Personen kann sich die 10er-Streifenkarte für € 16,30 rechnen. Tageskarten sind für beliebig viele Fahrten innerhalb eines Tages geeignet und gelten bis sechs Uhr morgens des Folgetages. Sie sind als Single-Tageskarte oder als Gruppen-Tageskarte für bis zu fünf Personen erhältlich. Einige Preisbeispiele:

– Tageskarte Innenraum (weiße Zone): Single € 8,80, Gruppe (2–5 Personen) € 17
– Tageskarte Gesamtnetz: Single € 16, Gruppe € 29,80
– Kinder-Tageskarte (6–14 J.): Gesamtnetz € 3,50

MVG More
Über die App lassen sich nicht nur Fahrpläne und Infos aufrufen sowie Fahrscheine lösen, sie ist auch der Schlüssel zum **Radverleih-** und **Carsharing-Angebot** der MVG. Nach einer einmaligen Registrierung in der App ist man so in ganz München spontan und flexibel unterwegs.

Die App »DB Navigator« informiert genauso über Fahrpläne und bietet Tickets zum Kauf an. ■

Mit einem PS durch den Englischen Garten

Die **fetten** Seitenzahlen verweisen auf ausführliche Erwähnungen, *kursiv* gesetzte Begriffe bzw. Seitenzahlen beziehen sich auf den Service.

Meisterwerke der Antike hautnah erleben
Antikensammlungen und Glyptothek · Königsplatz München
www.antike-am-koenigsplatz.mwn.de

Muh|seum

Moos|eum

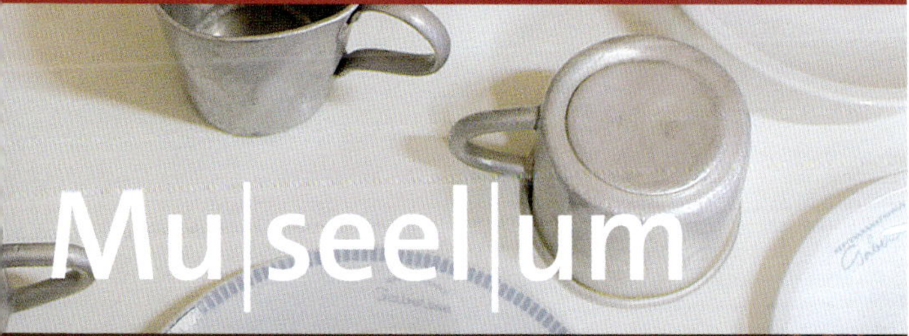

Mu|seel|um

Museen

des Bezirks Oberbayern

Freilichtmuseum Glentleiten
Bauernhausmuseum Amerang
Holztechnisches Museum Rosenheim
Deutsches Hopfenmuseum Wolnzach
Freilichtmuseum Donaumoos
kelten römer museum manching
Holzknechtmuseum Ruhpolding
Museum Inn-Salzach-Klinikum
Psychiatrie Museum Haar

Soziales | Gesundheit | Bildung | Kultur | Heimat | Umwelt

bezirk oberbayern

Alois Dallmayr KG, München: S. 71
Bavaria Filmstadt, München: S. 76
Chiemgau Tourismus e.V., Traunstein: S. 82
Deutsches Museum, München: S. 75
Fotolia/Alta. C: S. 45, 62 u.; Martina Berg: S. 84; Mikhail Markovskiy: S. 19; Victoria P.: S. 57 u.
Franz Marc Frei, München: S. 36 u., 53, 67, 86, 88
Hofbräuhaus, München: S. 3 o. l., 61
Hofbräukeller am Wiener Platz: S. 25 o.
Hotel Bayerischer Hof, München: S. 52 u.
iStockphoto/Anshar 73: S. 40; aprott: S. 39, 46, 85; Bernd Wittelsbach: S. 43; Xyno: S. 52 o.Björn Kindler: S. 3 u.; bukki88: S. 47; Cristian Baitg: S. 44; DM Girton: S. 51; Elena Korenbaum: S.37; Flavio Vallenari: S. 50 u., 73; FooTToo: S. 4/5, 78, 91; gameover2012: S. 3 o. Mitte, 45, 63; gregobagel: S. 62 o.; Holger Mette: S. 50 o.; hsvrs: S. 27 u.; Jitchanamont: S. 14 u.; Jorge_Alia: S. 79; Kenneth Wiedemann: S. 58; Lugaaa: S. 27 o.; Manfred Steinbach: S. 32; manfredxy: S. 70; Martin Wimmer: S. 7; Meinzahn: S. 6, 11, 29; munichgirl: S. 18 o.; Nikada: Schmutztitel (S. 1); Quanthem: S. 54; Radu Razvan: S. 49; Ralf Menache: S. 12; Raupach: S. 2 o. l., 20; Robert Herhold: S. 41; Rocky89: S. 14 o.; Sebastian-Julian: S. 69; Soren Pilman: S. 66 o.; stockcam: S. 2 o. Mitte, 21 u.; sunlow: S. 17; tichr: S. 2 o. r., 3 o. r., 34, 87
Landeshauptstadt München, Tourismusamt/Bjarne Geiges: S. 35 o.
Lodenfrey München am Dom: S. 72
Museum Mensch und Natur: S. 74
NS-Dokumentationszentrum München/Orla Connolly: S. 35 u., 83
Residenztheater/Gerhardt Kellermann: S. 68 o.
Robert Götzfried: S. 66 u.
Schuhmann's GmbH: S. 64
Sea Life München: S. 77
Shutterstock/bellena: S. 89; FooTToo: S. 16, 42; Kzenon: S. 56; Mariangela Cruz: S. 23; Mikhail Markovskiy: S. 9; mona wide: S. 18 u.; Nedim Bajramovic: S. 24; Nenad Nedomacki: S. 33; streetflash: S. 25 u.; travelism: S. 13; Yuri Turkov: S. 48; Zyankarlo: S. 15
SMÄK/Marianne Franke: S. 31
Thomas Dashuber: S. 68 u.
VISTA POINT Verlag (Archiv), Rheinbreitbach: S. 8, 21 o., 36 o., 57o., 80 o., 80 u., 81
Wikipedia (CC BY 2.0)/Steve Collis: S. 38
Wikipedia/Uwe Barghaan: S. 22 o., 22 u.; Alois Sturm: S. 10

Schmutztitel (S. 1): Bayerische Hefebrezen
Seite 2/3 (v. l. n. r.): Glyptothek am Königsplatz; Städtische Galerie im Lenbachhaus; Museum Brandhorst; Hofbräuhaus; Chinesischer Turm im Englischen Garten; Bierzelt auf dem Oktoberfest; München-Panorama vor den schneebedeckten Alpen (S. 3 u.)
Seite 6/7: Frauenkirche (S. 6 l.), Schloss Nymphenburg (S. 6 r.), Olympiapark (S. 7)

Reihenkonzeption: Andreas Schulz & VISTA POINT-Team
Bildredaktion: Andrea Herfurth-Schindler
Lektorat: JB Bild|Text|Satz, Berlin
Layout und Herstellung: Sandra Penno-Vesper
Reproduktionen: Henning Rohm, Köln; Noch & Noch, Datteln
Kartographie: Huber Kartographie GmbH
Gesamtherstellung: VISTA POINT Verlag GmbH, Rheinbreitbach

ISBN 978-3-96141-742-1

An unsere Leserinnen und Leser!
Die Informationen dieses Buches wurden gewissenhaft recherchiert und von der Verlagsredaktion sorgfältig überprüft. Nichtsdestoweniger sind inhaltliche Fehler nicht immer zu vermeiden. Für diese übernimmt der Verlag keine Haftung. Für Ihre Korrekturen und Ergänzungsvorschläge sind wir dankbar.

VISTA POINT Verlag
Rolandsecker Weg 30 · 53619 Rheinbreitbach
Telefon: +49 (0)2224/7795-0 · Fax: +49 (0)2224/7795-100
info@vistapoint.de · www.vistapoint.de · www.facebook.de/vistapoint

Münchner VerkehrsVerbund

Ein Netz. Alle Möglichkeiten.

MVV-Netz in den Zonen

S-Bahn | U-Bahn | RegionalZug

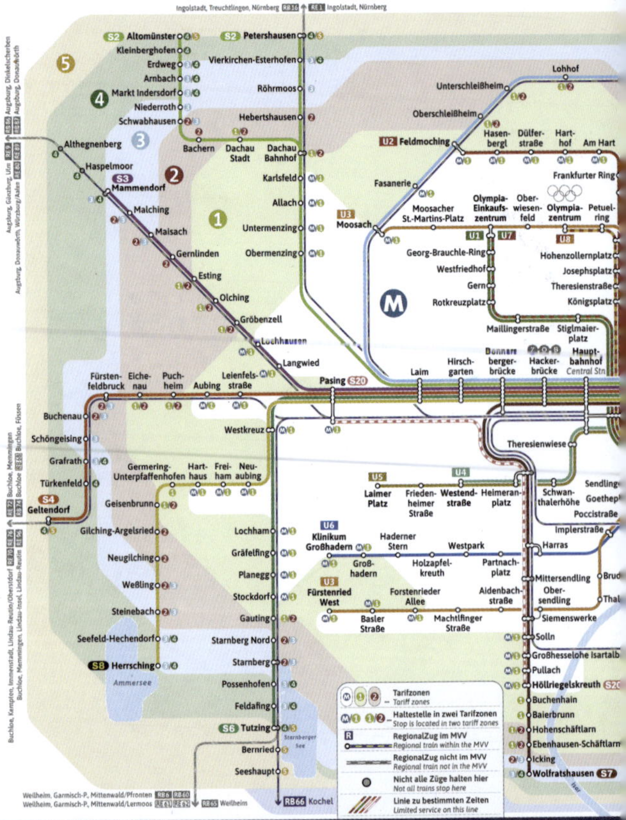

Alle Pläne im MVV online unter mvv-muenchen.de/plaene / *You can find all MVV network m*